Ulrich Wanderer

Als Jurist wie als Mediator neugierig, sucht Mag. Ulrich Wanderer nach dem "grünen Zweig", dem Konsens, der die Widersprüche als Irrtümer entlarvt und bisher ungegangene Wege unter den Beiden entstehen lässt.

"Statt ob, frag wie", so seine Maxime.

Wenn wir die Möglichkeit ausblenden, dass es unmöglich ist und stattdessen einfach den ersten Schritt setzen, so ist der Weg zum Ziel schon um diesen Schritt kürzer.

Gerade die in der Mediation inneliegende Kreativität ermöglicht dabei Lösungen, die im althergebrachten Anspruchsdenken auf der Strecke bleiben.

Für Fragen, Anregungen und gerne auch Kritik:

www.mediation-wanderer.at oder auch uw@mediation-wanderer.at

Allen mediatorischen Menschen
und jenen, die uns begegnen
gewidmet.

Danke an meine Frau Heidi, die mir die Gelassenheit gibt, Mediation als Berufung zu erkennen.

Ulrich Wanderer

Mediation
ist
DO IT YOURSELF

Gedanken, Erfahrungen und Ansätze eines Mediators

Herausgeber: Mag. Ulrich Wanderer
Autor: Mag. Ulrich Wanderer
Umschlaggestaltung, Illustration: Mag. Ulrich Wanderer
Lektorat, Korrektorat: Sylvia Maurel
Fotos: © Robert Newald

Druck und Vertrieb im Auftrag der Autorin/des Autors:
Buchschmiede von Dataform Media GmbH, Wien

www.buchschmiede.com

978-3-99057-873-5 (Paperback)
978-3-99057-874-2 (Hardcover)
978-3-99057-875-9 (e-Book)
Printed in Austria

Inhaltsverzeichnis

Vorwort des Herausgebers

Ich kann mich noch zu gut erinnern als sich 1997 der Entschluss richtiggehend aufdrängte Mediator zu werden. Denn ich war es schon lange vor Beginn meiner diesbezüglichen Ausbildung als ich noch mitten im Jus-Studium steckte und keine Ahnung davon hatte, was ich später damit anfangen sollte.

Was dies bedeutet verstand ich erst lange Zeit später. So wichtig die Kenntnisse der einzelnen Techniken auch sind, sie werden nie die Liebe zum einzelnen Menschen ersetzen können, die Begeisterung für die Sprache des Wortes ebenso wie die Sprache des Körpers.

Nur wenn wir die Mitmenschen an sich respektieren und als Freunde und Lehrer sehen, haben wir auch die Chance, die Ehre ihnen auch wirklich durch das Dickicht der Konflikte helfen zu können.

Ob sich nun die Konflikte im Bereich der Familie entwickelt hatten, ob eine Scheidung ansteht und hier trotz aller Emotionen das Kindeswohl gewahrt werden soll, ob sich die Nachbarschaft im trauten Heim anders entwickelt hat, als ursprünglich von beiden Seiten erhofft oder ob die Ankündigung einer Erbschaft plötzlich Kränkungen und unerfüllte Erwartungshaltungen hochsteigen lässt, im Endeffekt kommt es auf in der Mediation darauf an, den einzelnen Menschen wertzuschätzen und seine ureigensten Bedürfnisse zu respektieren.

So gut wie nie steht das Problem singulär zur Diskussion, sondern ist eingebettet in eine Vielfalt von Beziehungen, Emotionen und Motiven.

Respekt, Interesse und Offenheit sind in meinen Augen Grundvoraussetzungen für ein gelingendes gesellschaftliches Miteinander, umso mehr aber sind diese drei Grundfesten einer mediativen Lebenseinstellung.

Ja, ich darf als Mediator arbeiten, aber noch viel eher darf ich sagen:

Es ist eine Ehre, es ist eine Freude, es ist Kreativität und es ist eine Aufgabe.

Es ist kein Job.

Wien, 17.Mai 2017

Ulrich Wanderer

ZUR MEDIATION

Wieso werden wir gebraucht?

Mediation in der idealen Welt

Let's be honest, sind wir ehrlich... Eigentlich bräuchte es in einer perfekt demokratischen Gesellschaft, die idealerweise ihre Mitglieder achtet, in welcher der **kategorische Imperativ** gilt und die Nächstenliebe primäres Gebot ist, keine Mediatoren. Naja vielleicht zur Konsensfindung in sehr komplexen Materien, aber sicher nicht im klassischen Konfliktfall.

Kann man daraus etwas zum Stand unserer Gesellschaft sagen? Eins jedenfalls: wir sind immerhin reif für eigenverantwortliche Lösungen.

Wieso Mediation?

Wieso aber wirken die Wege der Mediation so gut?

Ist es, weil den Menschen schlicht der Kostendruck der gerichtlichen Lösung zu beängstigend scheint?

Sicher auch, aber nicht primär.

Mir persönlich scheint der große Bonus unserer Arbeit für unsere Klienten zu sein, dass sich meine Kollegen und ich auch um die **Hintergründe** kümmern. Wir hören zu, nehmen die Klienten wahr. Eine jede körpersprachliche Regung, jeder unbedachte Räusperer kann bedeutend sein. Daher achten wir auf unmittelbar präsentes Feedback, auf die Befindlichkeit des Gegenübers. Was oft in Beziehungen, im Alltag, Job oder auch im Wohnhaus fehlt wird in der Mediation geschenkt.

Darüber hinaus eint ein Wort über alle Konfliktthemen die gelungenen Mediatoren: die Wertschätzung.

Die Wertschätzung als Bonus

Wertschätzung den Medianden gegenüber sollte als Dienstleister selbstverständlich sein, ebenso wie auch gegenseitiger **Respekt**, **Interesse** für die wechselseitigen Anliegen und **Offenheit** den Themen des Vis-a-vis gegenüber seitens der Medianden.

Offenbar aber mangelt es im täglichen Umgang den Parteien untereinander an diesen Eigenschaften. Umso wichtiger ist es, das stets vorhandene **Bedürfnis danach zu erspüren**, ernst zu nehmen und auch vorsichtig zu thematisieren. Zeigen wir den Medianden unseren **Respekt bezüglich ihres Leidensdruckes, Interesse dem Konfliktthema gegenüber und Offenheit für alle Entwicklungen**, welche sich im Rahmen des Prozesses ergeben.

Die MediandInnen haben das berechtigte und verständliche Bedürfnis in Ihrer Wahrnehmung der Probleme **ernst genommen zu werden**, doch gelingt dieses nicht immer im persönlichen Konflikt mit dem Gegenüber. Zu schnell sind die Stufen der Eskalationstreffen erklommen. Um dieses Bedürfnis zu erspüren, es zentral in den Raum zu stellen und ihm zum Durchbruch zu verhelfen, dafür nutzen viele die Möglichkeiten der Mediation.

Gut so.

Neutralität versus Allparteilichkeit

Allparteilichkeit, was ist das eigentlich?

Neutralität, Unparteilichkeit wird von Vermittlern erwartet, aber... Nun das ist nicht mein persönliches Verständnis.

Nicht ohne Grund wird ja auch in der Ausbildung der Mediatoren von **Allparteilichkeit** gesprochen.

Ich persönlich bin sehr parteilich, ich habe genau so Bündnispartner wie auch einen klaren Gegner in einer Mediation. Mir geht's um eine **eindeutige Parteinahme für BEIDE Parteien**. Nicht gegeneinander sondern viel mehr für beide. Wer aber ist dann die Gegenseite?

Wer ist die Gegenseite

Die **Gegenseite ist schlicht der Konflikt** an sich, das Missverständnis, das Unbekannte, das es zu erforschen gilt.

Im Falle einer Scheidung ist dieses Unbekannte die Zukunft nach der Scheidung. Gemeinsam mit den Parteien formen wir deren Leben nach der Scheidung. Freilich bestehen durch die Emotionen im Rahmen des Zerbrechens einer Beziehung viele Gräben zwischen den Parteien, die ernstzunehmende Hürden vor dem Erreichen einer nachhaltigen Vereinbarung darstellen.

Das gemeinsame Ziel

Natürlich nimmt der Mediator die Gefühle der Medianden ernst, spricht sie an passender Stelle an und versucht sie in die Vereinbarung einzuarbeiten. Sie sind jedoch nicht nur Teil der Klienten, nein, sie sind (nach meinem persönlichen Verständnis) **Teil des Konfliktgegners**. Auf der einen Seite eben die Parteien, die den gemeinsamen Wunsch nach einer Lösung haben, auf der anderen Seite die emotionalen Gräben. Diese gilt es zu überwinden, einzuarbeiten und in die Vereinbarung einzubauen.

Dann haben wir ein **tragfähiges Ergebnis**, eine Überbrückung der scheinbaren Gräben hinein in eine lebenswerte Zukunft

Und genau deswegen werden wir von den Mediananden doch kontaktiert, um gemeinsam mit ihnen eine lebenswerte Zukunft jenseits der aktuell noch **unüberwindbar scheinenden Gräben** zu bauen.

Allparteilichkeit als **gemeinsamer Brückenbau**, als gemeinsamer Schritt über die bisher noch unsichtbare Brücke. Es ist jedes einzelne Mal wieder ein besonderes Abenteuer.

Wo kein Richter, da kein Kläger

Einleitung

Wo kein Kläger, da kein Richter - ja freilich, so heißt es oder so wird es zumindest an den Universitäten unterrichtet. Nur wo die eine Partei den anderen als Gegenpartei vor Gericht zitiert, schaltet sich in privatrechtlichen Angelegenheiten die obrigkeitliche Gerichtsbarkeit ein. Ansonsten geht der Staat doch (ob gerechtfertigt oder nicht, bleibt dahingestellt) von der **Mündigkeit** der BürgerInnen aus durch Vereinbarungen miteinander auszukommen.

Das Gericht macht den Kläger

Was aber hat dann „**Wo kein Richter, da kein Kläger**" zu bedeuten?

Nun, dieser Ausspruch stammt weder von der Universität noch aus einem Lehrbuch. Nein, er wurde vielmehr vor kurzem in einer Familienberatungsstelle im Rahmen eines Beratungsgespräches von einem Klienten geäußert. Ehrlich gesagt gehe ich davon aus, dass der betreffende Klient ihn wohl anders gemeint hat als der Satz schlussendlich dann von mir verstanden wurde, doch war er schlicht und einfach dermaßen prägnant, dass er sich mit eingeprägt hat.

Wo kein Richter, da kein Kläger? Bedeutet dies denn, dass die **Gerichte die Kläger anziehen**? Nun ja, möglicherweise. Ich möchte sogar behaupten, dass die Gerichte die Kläger erst **MACHEN**. Kein Mensch würde als Kläger auftreten, gäbe es nicht in der institutionalisierten Rechtsprechung die Möglichkeit auch im Namen der Republik Zustimmung zu erhalten. Man sucht **Bestätigung der eigenen Rechtsmeinung**, ebenso wie auch die **obrigkeitliche Rückenstärkung der persönlichen Moral**.

Doch wie der Schüler im Rahmen einer Peermediationsausbildung lernt selber mit Konflikten umzugehen und sie fruchtbringend zu lösen, ebenso wie auch der Mieter im Umgang mit seinen Nachbarn es in der Hand hat **selber** für ein positives Mi(e)teinander zu sorgen, so sind jene Lösungsansätze, die den Konflikt auf der zwischenmenschlichen Ebene belassen und eben nicht auf eine Makro-Ebene heben, weit erfolgversprechender. Der Druck von oben, die strenge Hand des Abteilungsleiters beziehungsweise das rekommandierte Schreiben des Gerichts, schafft dahin nur eine vordergründige Ruhe, die auf Furcht begründet ist. Der Konflikt wird nur auf eine andere Ebene verlagert, aber keinesfalls gelöst.

Folgerungen für die Praxis

Gut ist daher jener Abteilungsleiter, jener Hausverwalter oder Polizist, Richter oder Hortbetreuer beraten, wenn er im Rahmen seiner Möglichkeiten versucht den Konflikt zwischen den betroffenen Parteien zu erfassen und dessen Ursprung zu erkunden. Ein Gespräch hilft meistens den Klageführern zuzuhören, ihnen durch die richtigen Fragen auch einen Weg zu eröffnen, der an der Konfrontation mit dem als Feind empfundenen Gegenüber vorbei geht. Als Erklärung sei hier auch die **Glasl´sche Eskalationstreppe**[1] beigezogen: Während im Rahmen der ersten 3 Stufen noch eine Win-Win-Lösung möglich ist, führt die Suche nach Koalitionen mehr oder weniger fast automatisch dazu, dass aus dem Win-Win eine Win-Lose Situation wird. Ohne Gesichtsverlust vor den eigenen Koalitionären oder auch vor der als Schiedsrichter beigezogenen Überinstanz ist nun ein Ausstieg aus dem Konflikt nicht mehr möglich. Die Fronten verhärten sich zwangsläufig, der Blick verengt sich und lässt daher die Möglichkeiten einer kreativen Lösung hinter den Scheuklappen verschwinden.

[1] Glasl, Konfliktmanagement

Begrenzte Ressourcen

Freilich.. die **Ressourcen sind beschränkt**. Zeitlich, finanziell, organisatorisch ist es schlicht einfacher ein **Machtwort** zu sprechen, anstatt sich auf Ursachenforschung zu begeben. Darüber hinaus wird man nicht immer nur primär aufgrund der **mediativ-einfühlsamen und empathischen Gesprächsführung** Abteilungsleiter, Vorgesetzter oder Chef, sondern aufgrund einer gewissen Entscheidungsfreudigkeit und einem nicht unbeträchtlichen Interesse an einer zielstrebigen Problemlösung. Kurz gesagt, wer lange fackelt wird selten Chef. Nun, vielleicht wäre das einmal zu überdenken.

Machtungleichgewicht und seine Auswirkungen auf die Mediation

Einleitung

Gleichgewicht und Freiwilligkeit

Zweifellos ist Mediation eine der nachhaltigen Varianten eine konsensorientierte Vereinbarung zu finden, wenn... ja, wenn alle Beteiligten **ähnlich starkes Interesse an einer Lösung** haben, sich **freiwillig** auf den Mediationsprozess eingelassen haben und (zumindest annähernd) ein Gleichgewicht bezüglich der Machtposition der Medianden herrscht. Dieses **Machtgleichgewicht** kann sich auf eine Vielzahl von Faktoren beziehen, welche sowohl vor, während als auch möglicherweise nach der Mediation greifen können. Um eine Vorstellung der Vielfältigkeit der Thematik "Macht" zu geben, seien im Rahmen dieses Essays einige Aspekte aus der Praxis der Mediation exemplarisch erwähnt.

Macht in Beziehungen

Welche **Arten von Macht** gibt es im zwischenmenschlichen Bereich?
Einmal davon abgesehen, dass eine jede Form von Beziehung einen gewissen zwischenmenschlichen Faktor einschließt, bietet der Bereich der **amourösen Beziehung zwischen zwei Menschen** wohl den anschaulichsten Hintergrund für diverse Machtungleichgewichte.

Emotional

Hat sich A unsterblich in B verliebt, wobei sich B zwar sehr geschmeichelt fühlt, dieses Gefühl aber nicht im gleichen Ausmaß erwidert. Dennoch lässt sich B auf die Beziehung ein, was zu einer Schieflage der Bedürfnisse führt, nachdem sich A in vielen Aspekten nicht angenommen fühlt und permanent auf ein stärkeres persönliches Commitment seitens B hofft. Eine solche Beziehung führt mittelfristig in den Konflikt, da sich Erwartungen und Bedürfnisse von A nicht mit den Möglichkeiten von B erfüllen lassen. Kommt es in weiterer Folge zu einer Trennung, so ist B mit großer Wahrscheinlichkeit schon weiter im Trennungsprozess und benötigt auch weniger Trauerarbeit bzw. Verabschiedungsrituale als A. Somit aber hat B in der Mediation auch einen leichteren Stand, weil er/sie sich primär auf die Sachthemen konzentrieren kann, während sich A diesen Themen erst nach Aufarbeitung der gefühlsbetonten Beziehungsaspekte widmen kann. Andersfalls lassen Aussagen wie "ich unterschreib Dir eh alles, wenn das nur schnell vorbei ist" oder "mir ist doch eh alles wurscht" tief ins Gefühlsleben blicken.

Wirtschaftlich

Das (liebe?) Geld spielt in vielen Beziehungen eine große Rolle. Sofern nicht beide Partner gleichermaßen Vermögen in die Beziehung eingebracht haben, beide gleich verdienen und auch die gemeinsamen Lebenshaltungskosten 50:50 aufgeteilt sind, ergibt sich schon mehr oder weniger automatisch ein Ungleichgewicht, wobei dieses per se noch überhaupt kein Problem bedeuten muss. Freilich kann eine Beziehung, in welcher beispielsweise der Mann den Vermögensstamm in die Beziehung einbringt, sich daraufhin im Rahmen einer selbständigen freiberuflichen Tätigkeit um seinen Teil der **Wirtschaftsgemeinschaft** kümmert, während die Frau einer Fixanstellung nachgeht und die finanzielle Regelmäßigkeit der Einkommen sichert, zweifellos bestens funktionieren. Auch der Begriff der "**Hausfrauenehe**" ist nicht primär aus dem Scheidungsrecht bekannt, sondern vielmehr eine legitime und probate Gestaltungsvariante der ehelichen Gemeinschaft. Schließlich ist die Ehe als "**Vertrag sui generis**"[2] jeder persönlichen Ausgestaltung im

---

[2] Vertrag der eigenen Art

Rahmen weiter rechtlicher Grenzen zugänglich. Insbesondere im Rahmen der Wirtschaftsgemeinschaft.

Doch kann die arbeitsteilige Ehe, in welcher ein Ehepartner (A) sich primär um den Gelderwerb kümmert, während der sich der andere (B) um den heimatlichen Haushalt sorgt, Besorgungen erledigt und eben dem Verdiener den Rücken freihält dann für B zum Problem werden, wenn sie sich einem Ende zuneigt.

In diesem Fall zeigt sich das Problem des haushaltsführenden Partners B dahingehend, dass er finanziell auch weiterhin auf die Leistungen des zukünftigen Ex-Partners angewiesen zu sein scheint, während dieser den Wert der Haushaltsarbeit manchmal gering schätzt.

So ergeben sich in Mediationen oftmals Gespräche, welche **gegenseitiges Unverständnis** hervorrufen. Während sich B von A abhängig sieht und um die **zukünftige Existenz** bangt, so empfindet A eine wie immer geartete Unterhaltsregelung zumeist als unfair, da "B doch eh nie was zur Ehe beigetragen hat". Diese stereotypen Aussagen machen es dem Mediator oft nicht einfach beiden Mediaden den Weg zu einer als fair empfundenen Vereinbarung zu ebnen.

Die partnerschaftliche Ehe

Als Wegbereiter für eine dennoch zielführende Mediation hat sich der folgende Ansatz erwiesen: Vorerst muss auf das **partnerschaftliche Wesen einer Beziehung** bzw. einer Ehe hingewiesen werden, welche auf dem gemeinsamen Konsens der Lebensführung beruht. Nie hätte der berufstätige Partner seine Karriere entsprechend vorantreiben können, wenn der andere ihm nicht den Rücken freigehalten hätte, indem er die Organisation des Haushaltes, sozusagen des heimatlichen Backoffice, übernommen hatte. Andererseits kann auch der manchmal aufkommende Vorwurf "Du warst ja nie zuhause" dahingehend kanalisiert werden, dass zwar sehr wohl der Wunsch nach der Gegenwart des Partners durchaus groß war, jedoch auch die Wertschätzung für die hinter dem Lebensstil stehende Finanzierung vorhanden ist.

Gewalt

Körperliche Gewalt

Gewalt, hier auf die körperliche Form, die **physische Gewalt** reduziert, wird in so mancher Mediation als zentrale Motivation eine Beziehung zu beenden angeführt. So einfach es auch auf den ersten Blick scheint hier die Verantwortlichkeit zwischen Täter und Opfer zu verteilen, so kompliziert kann die Aufarbeitung wie auch die Folge einer solchen Tätlichkeit werden.

Exkurs: Um das Dilemma der Gewaltthematik begreifen zu können, ist es keinesfalls nötig Mediator zu sein, nicht einmal, einen zu kennen. Dennoch, nachdem dieses Buch sich um Sichtweisen zum Thema Mediation dreht, sei in Folge besonderer Fokus auf die Sichtweise des Mediators gelegt:

*Bedenkt man, dass gerade die Tätigkeit in der Familienmediation ein gewisses Maß an **Einfühlungsvermögen und Selbstreflexion** voraussetzt, so kann angenommen werden, dass sich der/die MediatorIn bereits auch schon im Rahmen der Ausbildung, spätestens aber im Rahmen der Weiterbildung einmal mit dem **höchstpersönlichen Zugang zum Thema Gewalt** auseinandergesetzt hat.*

*Somit gibt es bereits einen höchstpersönlichen Aspekt, welcher in der unmittelbaren Beschäftigung mit dem Thema angesprochen wird. In der Regel wird körperliche Gewalt in diesem Kontext (so auch grundsätzlich von Ihrem Autor) als nicht akzeptables und auch nicht probates Mittel der Konfliktbeilegung gesehen, was auch zu einer **stillschweigenden moralischen Stellungnahme** gegenüber jenem Medianden führt, der die gewalttätige Handlung gesetzt hat.*

*Sich dieser Thematik bewusst zu sein ist ein zentrales Thema für den Mediator, um dem Auftrag der **Allparteilichkeit** nachkommen zu können. Ignoriert man die persönliche Wertehaltung vordergründig, so kön-*

*nen sich **im Unterbewusstsein Gefühle aufstauen**, welche den Mediationsprozess behindern. Können diese Werthaltungen aber im Rahmen einer **Inter- oder Supervision** offen angesprochen werden, so ermöglicht dies dem Mediator, den Medianden und vor allem allfällig von der Trennung mitbetroffenen Kindern eine Mediationsvereinbarung lege artis, welche den Weg in eine konfliktfreie Zukunft zu ebnen imstande ist. Eine Mediationsvereinbarung, welche offenkundige Probleme unter den Tisch zu kehren versucht, verschiebt hingegen die nicht aufgearbeiteten Themen in die Zukunft und lässt sie so zum Samenkorn für unkrautgleich wuchernde Schwierigkeiten werden.*

Nachhaltige Vereinbarungen

Eine nachhaltige Lösung, und darum geht es in einer Mediation, schließlich setzt voraus, dass die Vorfälle der Vergangenheit nicht in die Zukunft hineinfunken, sondern im besten Fall vor oder parallel zur Mediation allenfalls therapeutisch aufgearbeitet wurden. Weder der Täter noch das Opfer sollen die Scheidungsvereinbarung unter dem **Eindruck der Gewalteinwirkung** unterfertigen, sondern viel eher dadurch einen Schlussstrich unter die Beziehung als solche setzen.

Dass die furchteinflößende Wirkung der **Erinnerung** an einen kürzlich zurück liegenden gewalttätigen Übergriff eine gleichberechtigte Scheidungsmediation ungemein erschwert, wenn nicht gar verunmöglicht, kann sich der geneigte Leser unschwer vorstellen. Darüber hinaus kann, wie zuvor erwähnt, auch seitens der MediatorInnen ein Problem entstehen, sollten diese aufgrund des gewalttätigen Verhaltens eine **Antipathie gegen den Täter** entwickeln.

Beispielsfall

Diametral dazu entwickelte sich der folgende Beispielfall[3]:

---

[3] Der Fall wurde aus Gründen der Diskretion und Verschwiegenheit etwas entfremdet

Unwidersprochene Tatsache war ein **handgreiflicher Übergriff** in Form einer Ohrfeige des Mannes der Frau gegenüber, welcher fast 3 Jahre zurücklag.

Der Mann begab sich daraufhin aus eigenem Antrieb in eine **Gewaltberatung** der Männerberatung und wurde dort über Monate hinweg betreut bzw. begleitet. Als Reaktion auf das Geschehene fiel er in eine **Depression**, welche mit **Antidepressiva** behandelt wurde. Nachdem diese Folge der Behandlung die Ehe noch weitergehend zerrüttet hatte, entschlossen sich beide Ehepartner zu einer Scheidungsmediation.

Die MediatorInnen ließen sich von beiden Partnern die Situation schildern, wobei auffiel, dass der Mann offenbar noch sehr unter den **Vorwürfen der Frau** bezüglich der Ohrfeige litt, was sich durch massiven Gebrauch der Antidepressiva äußerte. Die Frau wiederum verstand es, die erlittene Schmach als Argument im Rahmen der Scheidungsmediation einzusetzen und erwähnte den Übergriff mehrmals im Zusammenhang mit diversen Unterhaltszahlungen. Die Mediatoren sahen sich hier gezwungen daran zu erinnern, dass die Tat zum Zeitpunkt der Mediation bereits 3 Jahre zurück lag und fanden sich so in einem moralischen Dilemma: Fast mussten sie den ehemals übergriffigen Täter vor den Vorwürfen des damaligen Opfers in Schutz nehmen, was dem grundsätzlichen Verständnis (Täter = böse, Opfer = nicht böse) zuwider zu laufen schien.

Conclusio

Im Endeffekt galt es aus diesem Fall zu lernen: Nicht primär die Taten der Vergangenheit sind in der Mediation relevant, sondern viel eher ihre Auswirkungen auf die Mediation bzw. die darin zu erzielende Vereinbarung.

Verantwortung versus Machtmissbrauch

Jedoch ist freilich auch nicht jede Form von Macht gleichbedeutend mit deren Missbrauch. Was ja schon der Begriff des "Macht-Missbrauches" impliziert. Nimmt man nicht an, dass hier ein Pleonasmus kreiert wurde.

Macht an sich bedeutet Verantwortung. Beispielsweise die Verantwortung der Eltern im Rahmen der Obsorge oder die Verantwortung des Lenkers über das Leben der Mitfahrer oder eben auch die Verantwortung des Hauptverdieners in der Beziehung dafür, dass die Kreditrate oder die Miete monatlich gezahlt werden kann.

Wird jedoch die Macht an sich zum **Selbstzweck**, so entfremdet sie sich vom eigentlichen Sinn. Ebenso wie das gefüllte Konto an sich kein Zweck ist, sondern nur die Existenz der Familie absichern sollte, ist auch die nicht gelebte, sondern nur konzentrierte Verantwortung eine **Pervertierung der eigentlichen Aufgabe**.

Die Macht des vordergründig Schwächeren

Doch kann freilich das Pendel auch in die entgegengesetzte Richtung ausschlagen, sobald sich der **vordergründig schwächere Partner** dieser Ungerechtigkeit gewahr wird. Kommt es beispielsweise in einer patriarchalisch geprägten Familie, in welcher der Mann als gutsituierter Alleinverdiener über sämtliche Anschaffungen der Familie bestimmen möchte zu einer Diskussion, in welcher die Frau ihre Verantwortung den Kindern gegenüber gemäß für diese einsetzt, so schwingt in einem allfällig folgenden Konflikt sehr wohl auch die **empfundene Ungerechtigkeit** mit und erschwert die Lösungsfindung.

So führt einerseits die subjektiv empfundene Macht des Alleinverdieners manchmal dazu, dass der sich einer ergebnisoffenen Auseinandersetzung hinsichtlich einer wichtigen Frage mit **diktatorisch anmutenden Feststellungen** zu entziehen sucht, ebenso wie auch die gleichfalls subjektiv empfundene Ohnmacht des haushaltsführenden Ehegatten zu einer **passiven Blockadehaltung** führen kann. Mangels der Möglichkeit sich in die Entscheidungsfindung gleichberechtigt einbringen zu können, fehlt die persönliche Beziehung und somit die empfundene Verbindlichkeit der Vereinbarung für den scheinbar machtlosen Teil. "Scheinbar" eben deswegen, weil die **subversive Macht** eine Vereinbarung in weiterer Folge zu unterminieren zumindest jene aufwiegt, die vorerst zur Entscheidungsfindung führte.

Lösungsansätze

Ungeachtet sämtlicher in diesem Beitrag nicht thematisierter Aspekte von Machtungleichgewicht führt schon alleine der grundsätzlich lösungsorientierte Denkansatz des Mediators zu der Überlegung, welche Konsequenzen nun die obigen Feststellungen für die tägliche Arbeit zum Wohle des Konsens haben.

Einerseits freilich bedingt schon alleine der Grundsatz der Allparteilichkeit die Standpunkte und **Bedürfnisse aller MediandInnen** zu respektieren und wahr- wie auch ernst zu nehmen. Eine **moralische Selbsterhöhung des Mediators** und die damit oftmals einhergehende Urteilsbildung über das Verhalten eines Mediandenwäre hier völlig fehl am Platz und widerspräche auch dem der Mediation zugrundegelegten Menschenbild.

Ziel der Mediation

Ziel der Mediation ist es (so das Ziel nicht eine völlige Trennung der Lebensbereiche ist) einen nachhaltigen Konsens zu schaffen, welcher auch in der Zukunft ein verbessertes Miteinander aller Beteiligten ermöglicht. Daher ist es unumgänglich ein Gesprächsklima zu schaffen, in welchem **sich alle MediandInnen gleichermaßen ausdrücken und ihre Bedürfnisse, Wünsche und Erwartungen artikulieren können**. Sollte ein Machtungleichgewicht im Rahmen der Mediation nicht ausgeglichen werden können, so kann dies mit großer Wahrscheinlichkeit zu einer **Sollbruchstelle** der Vereinbarung werden. Nur, wer sich auch emotional voll hinter das erzielte Ergebnis der Mediation stellt, fühlt sich auch langfristig daran gebunden und ebnet sich so den Weg in eine konsensorientierte Zukunft.

Mediation ist Do it yourself

Obrigkeit und Privatautonomie

In so manchen Angelegenheiten ist das Schicksal der Menschen sicherlich gut in den Händen der **Obrigkeit** aufgehoben, sicherlich in mehr Angelegenheiten als man auf den ersten Blick glauben sollte.

Dennoch hat der Gesetzgeber vor über 200 Jahren[4] einen weisen Entschluss gefasst im Zivilrecht den **Grundsatz der Privatautonomie**[5] gelten zu lassen. Grundsätzlich wird, in gewissen gesetzlichen Rahmen, der **selbstverantwortlichen Vereinbarung** zwischen mündigen Vertragspartnern der Vorzug gegeben. Nur dann, wenn sich die Parteien nicht einigen können oder sich ausdrücklich auf die fachkundige Lösungskompetenz der Parlamentarier in Wien verlassen wollen, kommt die rechtliche Vorgabe zum Tragen.

Privatautonomie im Zivilrecht

Als Erstes sei die **Privatautonomie als Wesenselement des Zivilrechts erwähnt**. Die Vereinbarungen der Vertragsparteien gehen (außer im Falle des zwingenden Rechts) dem gesatzten Recht vor. So steht es den Lebensgefährten völlig frei ihre Beziehung selber zu definieren, so ermöglicht und fördert bereits der Gesetzgeber des Jahres 1812 die Ausgestaltung diverser Verträge in schriftlicher oder mündlicher Form. Selbst im Konfliktfall stellt sich das Recht nicht automatisch in die erste Reihe der Entscheidungshilfen, viel-

---

[4] Das Allgemeine Bürgerliche Gesetzbuch (ABGB) ist die 1812 in den deutschen Erbländern des Kaisertum Österreichs in Kraft getretene und auch heute noch geltende wichtigste Kodifikation des Zivilrechts in Österreich und ist damit auch das älteste gültige Gesetzbuch des deutschen Rechtskreises (Quelle: Wikipedia)

[5] Privatautonomie bedeutet die Möglichkeit von Personen ihre rechtlichen Beziehungen zu anderen nach eigenem Willen frei zu gestalten. (Quelle: Help.gv.at)

mehr steht der Vergleich, die gütliche Einigung, in der Gunst der Gerichte bei weitem an erster Stelle.

Mietrecht

Im Mietrecht beispielsweise wird im Rahmen **der Schlichtungsstelle**[6] vorerst auf eine Lösung auf einvernehmlicher Basis hingewirkt, bevor der Richter den gleichen Versuch einem strittigen Verfahren voran setzt.

Schadenersatzrecht

Selbst im **Schadenersatzrecht** werden **Vergleiche** über die Höhe des Schadenersatzes beziehungsweise des Schmerzengeldes einem langwierigen und kostspieligen Verfahren vorgezogen. Die Möglichkeit **selbstbestimmt** über den Fortgang des Verfahrens bestimmen zu können wird spätestens nach den ersten Erfahrungen im Rahmen eines Prozesses geschätzt.

Nachbarschaft

In der Nachbarschaft führen teilweise jahrzehntelange Versuche den Rechtsweg um eine abschließende Einigung im persönlichen Rechtssinne zu bemühen mit an Sicherheit grenzender Wahrscheinlichkeit in eine Sackgasse und auch zu einer weiteren Eskala-

---

[6] Die Wiener Schlichtungsstelle ist zuständig für die Durchsetzung der Rechte von Mieterinnen und Mietern, Vermieterinnen und Vermietern, zum Beispiel für Mietzins- beziehungsweise Betriebskostenüberprüfungen oder Nutzflächenbestreitungen. Im Bereich des Wohnungseigentums ist sie lediglich zuständig für Nutzwertfestsetzungen. Die Wiener Schlichtungsstelle ist **keine** Interessenvertretung von Mieterinnen und Mietern, Vermieterinnen und Vermietern sowie Wohnungseigentümerinnen und Wohnungseigentümern. (Quelle: Wien.gv.at)

tion der Lage. Gerade in Situationen in denen die Konfliktparteien weiterhin Tür an Tür oder Zaun an Zaun leben, stellen außergerichtliche Lösungen im Rahmen einer **Nachbarschaftsmediation** eine Via Regia zum Frieden dar.

Eherecht

Im Eherecht ist die Privatautonomie aufgrund der Themenvielfalt der Materie besonders gut zu erkennen. Solange es um den höchstprivaten Lebensbereich der Ehepartner geht, hat sich das Recht solange herauszuhalten, solange die Gestaltung des ehelichen Alltags auf Konsens beruht und beide Ehepartner damit einverstanden sind.

Keine konsensuale Lebensführung, solange sie nicht die berechtigten Interessen Dritter berührt, berechtigt das Gericht zu einem Einschreiten. Sollte freilich die Freiheit oder die Gesundheit von Außenstehenden oder noch eher das Wohl eines Kindes gefährdet sein, endet die Gestaltungsfreiheit der Ehepartner. **Der kategorische Imperativ** Kant´s gilt hier als Leitbild.

Sollte trotz aller Bemühungen die Ehe gescheitert sein, stellt die Möglichkeit der einvernehmlichen **Scheidung** mit über **85% aller Scheidungen**[7] den meistgewählten Weg in eine getrennte Zukunft dar.

Nicht AnwältInnen und RichterInnen entscheiden hier über das Schicksal der Menschen, sondern diese selber. Unterstützt werden sie in einem fairen und menschlichen Miteinander im Rahmen der Mediation, in welcher all jene Aspekte angesprochen und geregelt werden, die einen neuen Start in die Zukunft ermöglichen. So kann auch über die rechtliche Notwendigkeit hinaus geplant werden, wenn es den betroffenen Medianden behilflich ist

---

[7] Quelle Statistik Austria

sich zukünftig gegenseitig wieder offen (beispielsweise auf der Elternebene) begegnen zu können.

Flüchtlingsdebatte

Ebenso zeigt auch die gerade brandaktuelle Diskussion zur Unterbringung der Flüchtlinge die Schwächen der obrigkeitlichen Entscheidungsfindung auf. Vielmehr aber gibt es immer wieder private Initiativen, welche sich aus den unterschiedlichsten Motiven um die Unterbringung der Menschen kümmern. Auch hier ist dezentrale Lösungskompetenz abseits der obrigkeitlichen Zwangskultur ein zielführender Ansatz.

Die Koordinierung der diversen Wünsche und Bedürfnisse bedarf freilich einer gewissen Übersicht. Hier wird der **Unterschied zwischen Neutralität und Allparteilichkeit** besonders deutlich. Während sich der neutrale, objektive Beobachter primär um die Dokumentation des Geschehens kümmert, mischt der allparteiliche Unterstützer mitten im Geschehen mit. Nicht auf der einen oder anderen Seite, sondern als **Unterstützer der gesamten Idee**.

Scheinbare Konflikte, welche durch von außen gezielt geschürte Ängste hereingetragen wurden, können im persönlichen Gespräch angesprochen werden. So hat der Mensch, sei er nun in Kärnten, Tirol, Wien oder Aleppo geboren, Vorrang vor dem Problem. Der dezentrale Ansatz verspricht weit mehr Erfolg als der von außen und „oben" aufgesetzte Versuch durch Verordnungen hinein zu regieren.

Zusammenfassung

So gibt es zahllose Möglichkeiten das eigene Geschick selbst in die Hand zu nehmen und sich der Entscheidung durch fremde Obrigkeiten zu entziehen. Die fachkundige und erfahrene Unterstützung eines Mediators ist eine davon. Dabei liegt die Aufgabe der Mediation darin, ein Gesprächsklima zu bereiten, welches den Medianden ermöglicht ihre persönlichen Bedürfnisse, Erwartungen und Wünsche in eine nachhaltige und auch rechtlich haltbare Vereinbarung zu gießen.

ZUR FAMILIE

Die Ehe als Vertrag "sui generis"

Sui generis

Nein, damit ist nicht der Dativ vom Schwein, lateinisch "sus" gemeint, vielmehr bedeutet der Ausdruck "sui generis" aus der Sprache Ciceros und Senecas schlicht: „der eigenen Art“, also quasi: „eigenartig“

Laut Lehrbuch ist also die Ehe ein solcher „eigenartiger“ Vertrag, einer der „eigenen Art“. Kein normaler Schenkungs-, Kauf-, Miet-, Pacht-whatsoever-Vertrag sondern einer, der sich der üblichen Kategorisierung entzieht.

Die Ehe ist ein vielfältiger Vertrag

Die Ehe ist als Vertrag eine Vereinbarung, welche ein dermaßen umfassendes Gebiet umschließt, dass eine jede Schubladisierung aufgrund **schuldrechtlicher, sachenrechtlicher, vermögensrechtlicher oder auch personenrechtsbezogener Aspekte** zu kurz greifen würde. Einige Beispiele:

Die Ehe begründet eine **wechselseitige Verpflichtung zur Treue**, greift also in den wirklich höchst-persönlichen Bereich der Sexualität ein.
Auch entsteht durch die Trauung **eine schuldrechtliche Verbindung** zwischen den Ehegatten, genannt **Unterhaltspflicht**. Diese besteht ex lege, also aufgrund des Gesetzes und kann einvernehmlich maximal abgeändert, nicht jedoch grundsätzlich verneint werden.
Sachenrechtlich hat die Eheschließung beispielsweise Auswirkungen auf das allfällige Eigentum an der Ehewohnung. So ist der Eigentümer in seiner Verfügungsgewalt dahingehend beschränkt, dass er nicht mehr völlig frei über die Wohnung verfügen kann, sondern auf das Wohnbedürfnis des Ehepartners Rücksicht zu nehmen hat.

In **vermögensrechtlicher Hinsicht** besteht zwar zwischen den Ehegatten weiterhin grundsätzlich der **Vermögensstand der Gütertrennung**, doch auch hier besteht die sogenannte **Zugewinngemeinschaft**. So bleibt zwar das Geld, welches verdient wurde grundsätzlich bei jenem Partner der dafür gearbeitet hat (und begründet den Unterhaltsanspruch des anderen Ehegatten), ebenso wie auch beispielsweise in die Ehe eingebrachte Güter im Eigentum dessen verbleiben, der sie eingebracht hat. Die durch diese Vermögenswerte lukrierten Zinsen jedoch bilden die sogenannte Zugewinngemeinschaft und stehen wiederum grundsätzlich beiden Ehegatten gemeinsam zu.

Ein Beispiel: Die Frau brachte in die Ehe ein **Zinshaus** ein, um welches sich eine Hausverwaltung kümmert und der Mann sich nun gelegentlich durch Beratung oder auch tatkräftige Hilfe bei der Verwaltung einbringt. Das Eigentum am Haus verbleibt ausschließlich der Frau, auch fließen die Zinsen vorerst auf das Konto der Frau und bilden als Einkommen einerseits einen Teil des Familieneinkommens, andererseits aber auch einen Teil der Berechnungsgrundlage für den allfälligen Unterhaltsanspruch des Ehegatten (oder auch sind sie bei einem entsprechenden Einkommen des Mannes auf den Unterhaltsanspruch der Frau anzurechnen). Im Falle einer strittigen Vermögensaufteilung nach einer ebenso strittigen Scheidung wiederum wäre das Eigentum am Haus weiterhin fraglos der Frau zuzuordnen. Die Zinsen jedoch bilden im Rahmen der Zugewinngemeinschaft einen Teil des ehelichen Ersparten und sind somit zwischen den Partnern aufzuteilen[8].

Es gibt so viel über die unterschiedlichen Aspekte der Ehe zu sagen, natürlich kann **einvernehmlich so ziemlich alles vereinbart**

---

[8] Um hier Probleme hinsichtlich der Zuordnung der aus der Vermietung lukrierten Zinsen zu vermeiden, zahlt sich grundsätzlich die Überlegung bezüglich eines Ehevertrages aus. In diesem kann die Zuordnung klar geregelt werden.

werden, nur die **Treuepflicht, die Beistandspflicht** und der grundsätzliche Anspruch auf **Unterhalt bleiben hier ausgenommen**.

So kann beispielsweise vorübergehend oder auch endgültig **ein getrennter Wohnsitz** vereinbart werden, kann festgehalten werden, wie der **Kontakt zu den Kindern**, ja sogar zueinander gestaltet werden soll. Alles ist möglich und doch wird so selten von dieser Möglichkeit Gebrauch gemacht. Lieber versucht man sich im Einheitstrott, der schon andere vom Traualtar in die Krise geführt hat. Dabei ist es einfach. So wie das Leben als Single nur geringe gesetzliche Grenzen hat, so stellt das Eherecht auch nur den äußersten Rahmen der Möglichkeiten dar, in welchen sich die Ehegatten völlig frei bewegen können. **Rechtliche Kenntnis der Varianten kann helfen** diese Gestaltungsvarianten auch wahrzunehmen. Denn... so wie auch in anderen Rechtsmaterien des Zivilrechts stellt die **Privatautonomie** den freien Gestaltungswillen der Parteien an oberste Stelle.

Verträge haben einen schalen Beigeschmack, lassen an Amtsstuben und Gerichte denken und doch bieten sie einen immensen Gestaltungsspielraum, der im Endeffekt Sicherheit schafft. **Pacta sunt servanda, Verträge sind einzuhalten**. Ja, aber dazu müssen sie erst wohlüberlegt geschlossen werden.

Zur Vorbereitung hierfür gibt es die Beratungsstellen und Mediatoren.

Zu Rechtsanspruch und Selbstbestimmung aus Sicht des Juristen und Mediators

Einleitung

Welchen Anspruch habe ich? **Ich will ja nur, was mir zusteht...** Diese oder ähnliche Fragen stehen oft am Anfang diverser Beratungen im Umfeld einer Scheidung. Oft führen diese Gespräche dann in Richtung einer Mediation, oft – freilich nicht immer. Schließlich werden sie ja ergebnisoffen klientenzentriert geführt und dienen nicht der Akquise des Mediators.

Rechtsansprüche

Freilich, rechtliche Ansprüche müssen bekannt sein, jede Partei soll um ihre **rechtlichen Möglichkeiten** Bescheid wissen. Wenngleich sie diese auch nicht überschätzen sollten. Denn alleine, weil ein rechtlicher Anspruch schlüssig auf Basis des Gesetzbuches argumentiert werden kann, bedeutet dies nicht, dass er auch nach Ende der Verhandlung rechtskräftig festgestellt und in weiterer Folge auch durchgesetzt werden kann.

Als Jurist kann Ihr Autor freilich die **Faszination des rechtlichen Anspruches** nachvollziehen. Schließlich steht seit über 200 Jahren entsprechendes im Gesetzbuch verzeichnet. Nur... nicht immer sieht das Gericht die Lage ähnlich eindeutig wie die betroffene Partei. Manchmal gibt es **Gegenargumente** welche, obgleich augenscheinlich absurd, schon einmal in der **Rechtsprechung** berücksichtigt wurden und so den Standpunkt des Klägers unterminieren können. Kurzum: Nur weil es dem juristischen Laien völlig logisch scheint, ist ein Gerichtsurteil noch lange nicht dem **Hausverstand** gemäß ausgefertigt. Viel eher kommt es dabei auf die **Argumentation der Anwälte** an, auf die **aktuelle oberstgerichtliche Rechtsprechung** ebenso wie auch auf die **finanzielle Potenz bzw. das Kleingedruckte der Rechtsschutzversicherungspolizze.** Der Widerspruch zwischen Recht und Gerechtigkeit füllt Bände...

Sicht des Juristen

Wie nun aber geht der Anwalt als Jurist denn grundsätzlich an das Thema heran? Erst werden die Erzählungen des Mandanten auf diverse **Tatbestände** gefiltert, hinter welchen sich **geldwerte Ansprüche** verstecken könnten. Hat möglicherweise eine **Besitzstörung** stattgefunden, gilt es einen **Ehegattenunterhalt** einzufordern? Wurde eine Mietzahlung nicht geleistet? Schon hat A gegen B einen Anspruch auf C, wobei C in der Regel für Cash steht....

Sicht des Mediators

Aus der Sicht Ihres Mediators nun ergibt sich eine geringfügig andere Sichtweise:

Freilich hat in der Vergangenheit etwas nicht so geklappt wie es hätte funktionieren sollen: ein Grundstück wurde gegen den Willen des Besitzers betreten, der zustehende Unterhalt oder die bedungene Mietzahlung wurden nicht überwiesen. All jene Punkte haben eines gemeinsam, sie liegen zum Zeitpunkt des Einschreitens des Mediators in der **Vergangenheit**. Alle entsprechenden Rechtsfolgen würden sich sohin auf vergangene Fehler, **Irrtümer oder Verletzungen** begründen.

Anspruch des Mediators

Der Anspruch Ihres Mediators ist es freilich nicht primär reine Vergangenheitsbewältigung zu betreiben, sondern die **Zukunft der Medianden** mitzugestalten. Meist soll ein Ziel verfolgt werden, soll das Leben der Medianden verbessert werden.

Sei es im nachbarschaftlichen Zusammenleben mit dem Gegenüber (im Bereich der Nachbarschaftsmediation beispielsweise...)

oder auch eben getrennt voneinander im Zuge einer einvernehmlichen Scheidung. Gehen in weiterer Folge die Ressourcen nicht im Kampf gegeneinander auf, sondern können genutzt werden, um die Zukunft positiv zu gestalten, so steht einem positiven Verlauf der Mediation kaum etwas im Wege.

Über die Sinnhaftigkeit juristischer Scheuklappen

Beispielsweise kann hier die **Vermögensaufteilung nach einer einvernehmlichen Scheidung** herangezogen werden:

Ererbte oder von dritter Seite geschenkte Gegenstände unterliegen nicht der Vermögensaufteilung. Diese juristisch völlig korrekte Aussage wird zumeist wohlwollend von den Klienten (meist von jenen, die einst die Gegenstände geerbt oder als Geschenk erhalten haben) aufgenommen. Doch darf dieser paradigmenähnliche Stehsatz so alleine nicht stehen gelassen werden. Freilich: kommt es zu einem strittigen Aufteilungsverfahren, so werden diese oben bezeichneten Güter nicht einbezogen.

Nur... in wie vielen Scheidungen kommt es zu einem solchen strittigen Aufteilungsverfahren? Laut Aussage einer Richterin im Rahmen einer entsprechenden Weiterbildung bei **weniger als 5% aller Scheidungen**!

Und bei den anderen **95%**? Hier gilt die Einigung als höchstes Ziel. Wurde beispielsweise ein wertvolles Bild geschenkt, welches jedoch dem Geschenknehmer wenig bedeutet, hingegen gibt es kein Barvermögen, um die Ausgleichszahlung für das eheliche Wohnhaus zu leisten, so steht bei jenen 95% aller Scheidungen, welche ohne strittige Aufteilung auskommen, nichts dagegen das Bild sehr wohl als Ausgleichsleistung heran zu ziehen.

Hier hätte der zweifellos im strittigen Kontext richtige Stehsatz eine beträchtliche Scheuklappenfunktion, würde also den freien Blick auf die Vielfalt der Lösungsmöglichkeiten massiv einschränken.

Was zählt, ist der Konsens

Bei der **einvernehmlichen Scheidung nach § 55a EheG**[9] braucht es neben den Regelungen für die ehelichen minderjährigen Kinder und den Ehegattenunterhalt schlicht eine Einigung hinsichtlich des ehelichen Vermögens, der Ehewohnung und des Gebrauchsvermögens.

Mit welchen Mitteln hier jongliert wird, bleibt dem Verhandlungsgeschick der beteiligten Personen überlassen. Ebenso kann auch im Rahmen einer allfälligen **strittigen Scheidung** ein Vergleich hinsichtlich der Vermögensaufteilung mit eingeschlossen werden oder auch später, nach Rechtskraft des Scheidungsurteils. Nicht ohne Grund ist die einvernehmliche Vermögensregelung in 95 von 100 Fällen das Mittel der Wahl.

Es geht um eine **selbstbestimmte Zukunft.**

Nicht mehr und nicht weniger.

[9] Siehe auch Beitrag "zur einvernehmlichen Scheidung"

Das Verschuldensprinzip ist gefallen!

Einleitung

Oft in den Nachrichten angekündigt, so ist das oft geschmähte Verschuldensprinzip gefallen. Endlich… und zwar **1978**.

Ja, die Nachrichten sind nicht immer am letzten Stand, wenn es darum geht, die Tatsachen zu referieren. Immerhin spielt **in über 80% aller Scheidungen** das Verschulden zumindest rechtlich keinerlei Rolle. Freilich gibt es möglicherweise moralisch-menschliche Schuldzuweisungen, doch rechtlich ist in der **einvernehmlichen Scheidung** gem. § 55a EheG kein Platz für die Begriffe „Schuld" oder „Scheidungsgrund".

Zur Scheidung nach § 55a EheG

Auch der Unterhalt für den zukünftigen Ex-Partner wird **hier nicht nach Verschuldensgründen** bemessen. Nein, keine Prozentberechnungen, Einkommensteuerbelege oder sonstige gerichtsrelevante Unterlagen sind zwingend nötig, vielmehr bedarf es im Optimalfall der Kreativität der Parteien.

Rückwärtsgerichtete Unterhaltsberechnung

Wird der Unterhalt auf Basis des **Gehaltsunterschiedes zum Zeitpunkt der Scheidung** errechnet (was freilich völlig legitim wäre…), so bleibt er doch im Endeffekt rückwärts gerichtet. Sowohl in der Begründung (A schuldet B, weil B sich in Erwartung einer langen Ehe eher um den **Haushalt** gekümmert hat und A die Erwartung enttäuscht hat) als auch in der Berechnung (B hat weniger als 40 % des gemeinsamen ehelichen Nettoeinkommens) orientiert sich dieser Gedanke an der Vergangenheit.

An jener Vergangenheit, die schlussendlich zur Scheidung geführt hat, also nicht unbedingt den Erwartungen entsprochen hat. Ist also **negativ behaftet**.

Berechtigung des nachehelichen Unterhalts

Freilich möchte ich keineswegs dem nachehelichen Unterhalt die Berechtigung absprechen. Nein, er ist **oft unumgänglich, nötig und wichtig**. Jedoch macht die Begründung des Anspruches einen großen Unterschied. Errechnet man die Summe mit dem **Handwerkszeug eines Anwalts**, so übernimmt man auch dessen Argumente. Schuld, Scheidungsgründe und daraus resultierende Vorwürfe sind fortan mit der monatlichen Zahlung verbunden.

Unterhalt als Starthilfe

Argumentiert man den nachehelichen Unterhalt jedoch mit der **Unterstützung des Ex-Partners beim Start in ein neues Leben**, so ist die Begründung zukunftsorientiert. Eine neue Wohnung muss angeschafft werden; noch können die Stunden im Job nicht aufgestockt werden, weshalb man noch eine gewisse Überbrückung braucht; die Kinder müssen über die finanziellen Verhältnisse hinaus versorgt werden, doch gibt es hierfür keinen Rechtstitel wie den herkömmlichen **Kindesunterhalt** oder allfälligen **Sonderbedarf**.

Die Zukunft des Ex-Partners zu unterstützen ist ein weit positiveres Baugerüst für eine gelungene einvernehmliche Scheidung als der **fingierte Rechtsanspruch** auf Basis einer Prozentrechnung. Fingiert deswegen, weil man ja im Rahmen der einvernehmlichen Scheidung ein Szenario an den Haaren herbei zerrt, welches sonst nur bei strittigen Scheidungen (wir erinnern uns: in weniger als 20 % der Fälle) zum Tragen kommt. Mit **ein wenig Kreativität** schafft man es nicht nur eine positivere Stimmung zu erreichen, sondern auch die finanzielle Unterstützung besser an die Lebenswirklichkeit der Parteien anzupassen.

Auch die Vermögensaufteilung, als Teil der einvernehmlichen Scheidung, gelingt am besten, wenn sie **zukunftsorientiert** im Sinne einer bestmöglichen Unterstützung für die nacheheliche Zukunft und nicht mehr oder weniger als Strafzahlung für eine ehezerrüttendes Verhalten konstruiert ist.

Freilich, bei einigen Lösungsideen der Parteien schütteln die RichterInnen den Kopf, fragen nach, ob es auch wirklich so gemeint ist. Aber grundsätzlich muss es eine Einigung geben. Das Ziel muss passen, der Weg ist individuell.

Und **verschuldensunabhängig.**

Seit 1978.

Schuld und Sühne versus Selbstbestimmtheit und Selbstverantwortung[10]

Einleitung

Ist vom Ende einer Ehe die Rede, so kommt die Sprache schnell auf die Gründe, welche die Beziehung der Ehepartner zum Scheitern gebracht haben. So wird - je nach Standpunkt - mit Begriffen wie "**lieblos**", "**untreu**", "**böswillig verlassen**" oder ähnlichem argumentiert, bis schlussendlich dann der Begriff der Scheidung im Raum steht. Freilich, der Begriff alleine ist bereits von Medien geprägt, zu oft werden diverse Scheidungsdramen der Prominenz im Boulevard breitgetreten, als dass man hier unvoreingenommen bleiben könnte. Wie auch, schließlich steht vor dem Entschluss zur Scheidung die Erkenntnis, dass der Wunsch nach einer lebenslangen Partnerschaft gescheitert ist. Hier Objektivität zu verlangen ist nicht nur lebensfremd, nein, es wäre schlicht absurd. Gerade ein dermaßen **tiefer Einschnitt in die Lebensplanung** kann nicht getrennt von Emotionen gesehen werden. Schon gar nicht von jenen, die sich professionell mit dem Thema des Konfliktmanagements beschäftigen, den MediatorInnen.

Unterschiedliche Herangehensweisen

Welche Möglichkeiten gibt es nun mit der erlittenen **Kränkung**, der empfundenen **Niederlage**, aber auch der **Scham** über den eigenen Fehltritt umzugehen?

Juristisches Denken

---

[10] Ursprünglich publiziert unter: *Wanderer* in Ferz/Salicites, Mediation Aktiv (2014), Verlag Österreich

Dem anwaltlich geprägten Juristen schwebt wahrscheinlich erst der Begriff der Scheidungsklage vor. Auf der Basis von Verschuldensgründen wird eine **Scheidungsklage** formuliert, welche dann vom beklagten Noch-Ehepartner mit **einer Gegenklage**, einem **Mitverschuldensantrag** oder einem Antrag auf kostenpflichtige **Klagsabweisung** beantwortet wird. Im Rahmen der **Beweisführung** werden dann seitens des Klägers die einzelnen Vorwürfe bestmöglich glaubhaft gemacht, während der Beklagte gezwungenermaßen gegenläufig argumentiert. Gab es im Vorfeld der Scheidung noch ein Mindestmaß an notwendigem Konsens, so tritt nun die Konfrontation in den Vordergrund.

Verschulden als rechtliche Notwendigkeit

Die Frage nach dem Verschulden ist hier keine moralische, sondern schlicht eine **rechtliche Notwendigkeit**, um möglicherweise einen Anhaltspunkt für die **Unterhaltsbemessung**, jedenfalls aber die Aufteilung der **Prozesskosten** zu erreichen.

Sucht man daher nach einem schuldhaften Verhalten, so wird dies mit an Sicherheit grenzender Wahrscheinlichkeit auch gefunden werden. Durch die richtige Brille betrachtet wird so manches unachtsam ausgesprochene Wort zur Quelle einer **Eheverfehlung,** so mancher Blick zur beginnenden Untreue. Ungeachtet der Tatsache, dass zum Zeitpunkt der jeweiligen Handlung keiner der Ehepartner auf die Idee gekommen wäre, das betreffende Verhalten inkriminierend zu finden. Alleine die Notwendigkeit der Suche nach Verschuldenstatbeständen ist somit verantwortlich für eine weitere Zerrüttung, die oft erst mit **Klagseinbringung** ihren Beginn erfährt.

Wann ist Verschulden relevant?

In welchen Bereichen ist nun die Frage nach dem Verschulden für den Ausgang des strittigen Scheidungsverfahrens maßgebend? Im Rahmen eines Verfahrens nach einer Klage gem. § 49 EheG hat der an der Scheidung **schuldlose oder minderschuldige Ehepartner** einen Unterhaltsanspruch nach § 66 EheG. Diese Regelung hat freilich im Rahmen der Einschränkung "*soweit dessen Einkünfte aus Vermögen und die Erträgnisse einer Erwerbstätigkeit, die von ihm den Umständen nach erwartet werden kann, nicht ausreichen*" einen nicht unbeträchtlichen **Sanktionscharakter**[11]. Ebenso findet sich in § 68a (3) EheG eine Einschränkung, die jedoch nur im Falle von **besonders schwerwiegenden Eheverfehlungen** zum Tragen kommt. Auch für den Fall, dass "*Pflege und Erziehung eines gemeinsamen Kindes unter Berücksichtigung dessen Wohles*" die **Erwerbschancen des haushaltsführenden Ehepartners** beeinträchtigt haben, kann eine durch den Bedürftigen herbeigeführte, einseitig besonders schwerwiegende Eheverfehlung zur Unbilligkeit des Unterhaltsanspruches und sohin dahin führen, dass der Unterhalt durch "*Erträgnisse einer anderen als einer zumutbaren Erwerbstätigkeit oder aus dem Stamm seines Vermögens*" gedeckt wird.

Im Rahmen der nachehelichen Vermögensaufteilung spielt die Frage nach dem Verschulden nur eine untergeordnete Rolle, so steht sie klar hinter Aspekten der **Billigkeit**, des in § 84 EheG normierten Trennungsgrundsatzes und dem Wohl allfällig betroffener Kinder zurück. Allenfalls findet die Überlegung bezüglich eines im Scheidungsurteil festgehaltenen Verschuldens Eingang in die Billigkeitsüberlegung. So argumentiert Deixler-Hübner[12]: "*...die Anpassung der Rechtsfolgen an die besondere Lage des Einzelfalls, damit sie durch die Vielgestaltigkeit der Lebensverhältnisse notwendigen Differenzierungen vorgenommen und eine dem natürlichen Gerechtigkeitsempfinden entsprechende Entscheidung gefällt werden kann*" würde die Aufteilung der Güter nicht zu einer schlichten Rechenaufgabe verkommen lassen, sondern ließe auch Spielraum für Argumente hinsichtlich des Verschuldens. Gleichwohl bleibt dieses freilich im Vergleich zu den anderen Kriterien im Hintergrund. Die Kritik von

---

[11] *Marschall*, Das Verschuldensprinzip, (2012) 97

[12] *Deixler-Hübner*, Die Aufteilung des Ehevermögens nach Billigkeit - oder die stille Geltung des § 1378 BGB in Österreich, NZ 2002, 257.

Deixler-Hübner an einer starren 1:1 Aufteilungsquote scheint gerechtfertigt, wenngleich Marschall[13] darauf hinweist, dass das primäre Interesse der Ex-Partner an einem raschen und somit ressourcenschonenden Fortgang des Verfahrens gelegen ist, was wohl auch in die Überlegung hinsichtlich der Billigkeit einzubeziehen ist.

Ehepakte

In Bezug auf **Ehepakte** nun wird § 1266 ABGB dahingehend interpretiert[14], dass dem schuldlosen oder minderschuldigen Ehepartner mangels anderer vertraglicher Regelungen ein Wahlrecht dahingehend zukommt, ob die Ehepakte bestehen bleiben oder mit der Wirkung aufgelöst werden, die der Todesfall des schuldhaften Ehepartners nach sich gezogen hätte.

Ein weiterer Aspekt sei der Vollständigkeit halber noch erwähnt, wenngleich die chronologische Abfolge ihn eigentlich an den Beginn der Auflistung gereiht hätte. Die Kosten der Beweissicherung durch einen **Privatdetektiv** sind zur ungeteilten Hand durch den Ehestörer wie durch den schuldigen Ehepartner zu tragen. Diese fallen unter die in § 41 (1) ZPO erwähnten "zur zweckentsprechenden Rechtsverfolgung oder Rechtsverteidigung notwendigen Kosten".

Freilich, all diese erwähnten Bezugnahmen auf das Verschulden an der Zerrüttung der Ehe gelten für den Fall, dass die Scheidung nach den Grundsätzen des strittigen Verfahrens abläuft.

Statistik

Ein Blick auf die Statistik zeigt, dass der weit überwiegende Teil der Scheidungen jedoch auf einvernehmlichem Wege verläuft. Ak-

---

[13] *Marschall*, Das Verschuldensprinzip 121.

[14] *Bydlinski* in Rummel [3], § 1266 , 118 Rz 2.

tuell weisen die Gerichte einen **Anteil von über 87 %**[15] **zugunsten der einvernehmlichen Scheidung** aus, darüber hinaus noch einen ungefähr ebensolchen Anteil an einvernehmlichen Lösungen bezüglich der Vermögensaufteilung nach einer strittigen Scheidung.

Kreativität in Mediation

Die Arbeit der Mediatoren, freilich unter Einhaltung der rechtlichen Vorgaben hinsichtlich Form, Fristen, Kindesunterhalt, Kontaktrechtvereinbarung etc., ist jedoch nicht zwangsläufig durch die straffen Vorgaben des OGH hinsichtlich der erwähnten Punkte mit Scheuklappen versehen.

Im Gegensatz zur notwendigerweise vergangenheitsorientierten Frage der Verantwortung für die Zerrüttung der Ehe bei der Beurteilung der Schuldfrage kann die **Mediation zukunftsorientiert** arbeiten. Es ist zwar unumgänglich Verletzungen, die durch ein ehewidriges Verhalten zur Zerrüttung geführt haben, anzusprechen und durch entsprechende Kommunikation die entstandene Kränkung möglicherweise dem anderen Part verständlich zu machen[16], doch geht es dabei nicht um die Klärung der Schuld als Selbstzweck, sondern vielmehr um die Beseitigung eines Stolpersteines am Weg zu einer nachhaltigen Scheidungsvereinbarung.

Die **im Jahre 1979 eingeführte Möglichkeit einer einvernehmlichen Scheidung** beschäftigt sich von ihrem Wesen her nicht mit der Frage nach der Verantwortung an der Zerrüttung der Ehe, vielmehr ist ihr Kernstück eine zukunftsorientierte und nachhaltige Scheidungsfolgenvereinbarung, in welcher die zukünftigen Ex-Partner die Möglichkeit haben ihre jeweilige Zukunft, sowie gegebenenfalls ihre gemeinsame Zukunft als getrennt lebende Eltern konsensual zu regeln. Wird auch hier der **Konflikt** in den Mittel-

---

[15] Quelle: Statistik Austria

[16] *Strohbach, Sticht-Truchlik, Proksch*, in Wanderer Handbuch Mediation, (2017) Grundlagen der Familienmediation, 1

punkt gestellt, so bleibt dieser erneut gleichsam **als Keim in der Scheidungsvereinbarung** erhalten und wartet über kurz oder lang darauf in einem Streit über den allfälligen Unterhalt des Ex-Partners oder die Kinder, deren Hobbygestaltung, das Kontaktrecht oder an vielen anderen Orten auszutreiben. Haftet der Blick starr an den rechtlichen Vorgaben der ZPO bzw. des ABGB oder des EheG in Bezug auf jene Stehsätze, die sich ausschließlich mit der strittigen Scheidung beschäftigen, so würde man sich freiwillig jener Möglichkeiten begeben, die eine gelungene Scheidungsfolgenvereinbarung im Rahmen einer **kreativen Mediation** mit sich bringen kann.

Die Gestaltung des nachehelichen Unterhalts könnte in diesem Fall weniger an den Gehaltsunterschied der Ex-Partner gekoppelt sein, sondern **primär Rücksicht auf die berufliche Weiterentwicklung des unterhaltsberechtigten Parts** nehmen. Bedingungen, Befristungen können eine auf die Medianden maßgeschneiderte Lösung erreichen, welche sowohl die Leistungsfähigkeit des fortan Unterhaltspflichtigen wie auch die Selbsterhaltungsfähigkeit und berufliche Weiterentwicklung des Unterhaltsberechtigten einschließt.

Pensionsvorsorge

Natürlich kann auch auf konsensualer Basis beispielsweise eine **private Pensionsvorsorge** im Rahmen einer Lebensversicherung oder ähnlichem für den ehemals haushaltsführenden Partner vereinbart werden, ebenso wie auch in der Gestaltung der Vermögensaufteilung über gesetzliche Vorgaben bezüglich geerbter oder geschenkter Güter hinaus gegangen werden kann. Auch hier wieder gilt: es muss dem konsensualen Willen beider Parteien entsprechen.

Kompromiss versus Konsens

Hier wird auch der **Unterschied zwischen Kompromiss und Konsens** deutlich: Während ein Kompromiss notwendigerweise ein Abgehen beider Seiten von den gewünschten Forderungen bedeutet, so **zielt der Konsens auf eine Suche nach einem gemeinsamen Ziel ab**. Mögen auch die Ursprungsforderungen vordergründig auf eine Konfrontation hinauslaufen, so kann in einer gelungenen Mediation erreicht werden, dass die Medianden ihre persönliche Zukunft weniger auf den **Trümmern der Ehe**, sondern vielmehr auf den in der gemeinsamen Zeit angeschafften Vermögensgütern und Erfahrungen aufbauen. Zweifellos ein **bedeutender Startvorteil** im Vergleich zu der strittigen Variante.

Beratung oder Mediation?

Juristische Beratung ist wichtig, ja in vielen Fällen unumgänglich. Kompetente und wohlüberlegte Rechtsberatung kann vor vielen Problemen bewahren und ist in einigen Fällen (insbesondere im Scheidungsrecht) auch explizit vorgeschrieben.

Gerade im Bereich der **Familienberatungsstellen**, in welchen Ihr Autor als Beratungsjurist tätig ist, arbeiten des Öfteren auch KollegInnen, welche die **Doppelausbildung** des **rechtswissenschaftlichen Studiums sowie der Mediationsausbildung** haben und so den Blick nicht nur rein auf die zivilrechtlichen Ansprüche richten, sondern darüber hinaus auch den gemeinsamen Konsens der beteiligten Konfliktparteien im Auge behalten. Wenn nun mediative Elemente sehr wohl in die juristische Beratung einfließen können, so versteht sich die Mediation grundsätzlich nicht als Form der Beratung, sondern viel eher als Plattform der MediandInnen, welche ihren höchstpersönlichen Konflikt unter der Begleitung des allparteilichen Mediators (des Mediatorenteams) bearbeiten. Ratschläge des Mediators, insbesondere hinsichtlich allfälliger Lösungsvorgaben, engen ein und hätten auch eine negative Auswirkung auf die Nachhaltigkeit der Mediationsvereinbarung.

Nur eine Vereinbarung, welche inhaltlich zu 100 % von den MediandInnen stammt, wird von diesen auch als verbindlich angesehen, da sie sich in jedem einzelnen Wort wiederfinden können. Ein von außen bestimmtes Urteil, ein standardisierter Lösungsvorschlag eines Lehrbuches kann zwar viel Weisheit in sich bergen, doch fühlen sich die Parteien primär den eigenen Sätzen und Vorschlägen verbunden.

Dennoch - wobei es sich hier wieder um eine rein persönliche Ansicht des Autors handelt - ist der Mediator als Dienstleister sehr wohl auch seinen KundInnen dahingehend verpflichtet, dass die getroffene Vereinbarung keine weiteren Probleme verursacht, dass sie also beispielsweise vom zuständigen Gericht nicht gleich wieder aufgehoben wird.

Folgender Fall veranschaulicht die Problematik:

*Die Frau F und ihr zukünftiger Ex-Gatte G vereinbaren in der Mediation, dass der gemeinsame Sohn S (5 Jahre) bestmöglichen Zugang zum Vater haben soll, wenngleich der **hauptsächliche Betreuungsort** bei der Mutter festgelegt wird. Beide Parteien betonen die Wichtigkeit eines **unkomplizierten Umganges mit dem gemeinsamen Sohn** und kommen daher schnell zu der folgenden Formulierung:*

Der hauptsächliche Betreuungsort soll bei weiterhin gemeinsamer Obsorge ab Rechtskraft der Scheidung bei der Mutter sein, die Kontakte zum Vater werden gütlich vereinbart und sollen ein Mindestmaß von 10 Tagen pro Monat nicht unterschreiten.

Nachdem die Parteien auch die restlichen Aspekte der Scheidungsfolgenvereinbarung in guten konsensualen Klima fixieren konnten, stand auf den ersten Blick einer schnellen Scheidung nichts im Wege.

Doch kam es anders

Das Gericht bestand auf einer korrekten und detaillierten Ausformulierung des Kontaktrechts, ist doch das Recht auf Kontakt zu den Eltern das Recht des Kindes und nicht jenes der Elternteile. Daher auch ist das Kontaktrecht der völlig freien Vereinbarung der Eltern entzogen und kann[17] *nicht mehr in einer der Scheidung zeitlich nachfolgenden Vereinbarung außergerichtlich geregelt werden.*

Verantwortung des Mediators

Wenngleich der Mediator freilich keine rechtliche Beratung im Rahmen der Mediation geben darf, so wäre es dennoch im Sinne der KlientInnen bzw. MediandInnen gewesen, hätte er sie auf diese

[17] Seit dem Kindschaftsrechtsänderungsgesetz 2013

rechtliche Tatsache hingewiesen und ihnen so weitere Kosten und Termine erspart.

Juristische Anmerkungen

Um daher mögliche Missverständnisse und Rechtsirrtümer nicht zu Fallstricken einer Mediationsvereinbarung werden zu lassen, möchte ich im folgenden Text einige praxisrelevante Anmerkungen und Hinweise aus meiner Tätigkeit als Beratungsjurist in Familienberatungsstellen der ED Wien, sowie bei den Bezirksgerichten Hietzing und Purkersdorf zusammenfassen:

Zur einvernehmlichen Scheidung

Einleitung

Als Mediator berate ich nicht. Hier sind die Mediandeni die Fachleute ihres persönlichen Weges. Ich bin nur die Straßenmeisterei, die den Weg zum Ziel bereithält. Als Jurist jedoch, als der ich im Rahmen der **Familienberatung** arbeite, darf ich den Klienten, welche sich mit rechtlichen Fragen an mich wenden, sehr wohl auch ausdrückliche Tipps und Hinweise zur Rechtslage geben.

Ich habe mir daher erlaubt eine Zusammenfassung der häufigsten Fragen zum Thema der einvernehmlichen Scheidung zu veröffentlichen und möchte dies nicht nur in meinem Blog, sondern auch in aktualisierter Form in diesem Buch zur Verfügung stellen:

Welche Möglichkeiten bietet ein Scheidungsvergleich? Welche Fallen, welche Missverständnisse können sich einschleichen?

Scheidung oder Trennung?

Erst einmal sollte geklärt werden, ob die Scheidung nach § 55a EheG, also die **einvernehmliche Scheidung, überhaupt das Mittel der Wahl** ist oder ob nicht durch einen **Trennungsvertrag** oder eine **Scheidung wegen Aufhebung der häuslichen Gemeinschaft** (§ 55 EheG) die Ziele besser erreicht werden können, insbesondere ist dies manchmal in Hinblick auf die allfällige Hinterbliebenenpension (Witwenpension) ein Thema, nachdem bei der einvernehmlichen (§ 55a) Scheidung die Hinterbliebenenpension mit der

Höhe des tatsächlich auf Basis des Scheidungsbeschlusses geleisteten Unterhalts gedeckelt ist[i][18].

Im Gegensatz dazu besteht unter gewissen Voraussetzungen im Rahmen einer Scheidung nach § 55 EheG die Möglichkeit durch den gleichen Unterhalt wie nach einer § 55a Scheidung die volle Hinterbliebenenpension zu erhalten. Freilich bedarf es hierfür einen gewissen Konsens zwischen den scheidungswilligen Ehepartnern, doch winkt als Bonus die Absicherung durch die Witwen- (Witwer-) pension[19].

Trennungsvertrag

Ein sogenannter Trennungsvertrag ist freilich auch eine Variante, wenn die Tatsache, dass die Ehepartner offiziell weiterhin verheiratet bleiben entweder erwünscht[20] ist oder zumindest angesichts der Vorteile (sozialversicherungs-, erb-, miet-, zivilrechtlich oder auch statusmäßig) in Kauf genommen wird. In diesem Vertrag können je nach Formulierung die Lebensverhältnisse geordnet werden, Vermögen gleich einer Scheidung aufgeteilt werden und sogar der Status der Zerrüttung dermaßen festgehalten werden, dass keine Handlung des jeweils anderen Ehegatten die Ehe noch weiter zerrütten kann. Hierfür sollte aber jedenfalls die Beratung eines erfahrenen Juristen und/oder Mediators eingeholt werden, da die Formulierung hinsichtlich einzelner Worte einen massiven Unterschied machen kann.

---

[18] Also bei einem Unterhalt nach § 55a von € 150.-- beträgt die Witwenpension maximal (je nach Abzügen) auch € 150.—

[19] Nachdem eine Voraussetzung für die Leistung der PVA ist, dass der Unterhalt „wie in aufrechter Ehe" geleistet wird, ist es zielführend, wenn knapp vor der Scheidung (2-3 Monate reichen) ein entsprechender Unterhalt vereinbart wird.

[20] Möglicherweise aus konfessionellen Gründen

Antrag auf einvernehmliche Scheidung

Fiel nun die Wahl nach eingehender Überlegung auf die einvernehmliche Scheidung, so gilt es den beim jeweilig **zuständigen Gericht** aufliegenden "Antrag auf einvernehmliche Scheidung" zu besorgen und gemeinsam auszufüllen. [21]

Der Antrag selber besteht aus reinen formalen Punkten, sowie der Bestätigung über die Beratung hinsichtlich der (sozial-) rechtlichen Folgen der Scheidung[v][22] und - wenn eheliche minderjährige Kinder von der Scheidung betroffen sind - einer verpflichtenden Familien- und Elternberatung, welche von (gem. § 95a AußStrG) zertifizierten ElternberaterInnen durchgeführt wird.

Am Ende des formellen Antrags wird gemeinsam die Scheidung der Ehe beantragt und dies mit der Unterschrift der Ehegatten bekräftigt.

Scheidungsfolgenvergleich

Der inhaltlich relevante Teil des Scheidungsantrags ist der Scheidungsfolgenvergleich, welcher sich wiederum in 2 Teile gliedert:
Erst werden sämtliche Aspekte hinsichtlich der gemeinsamen ehelichen minderjährigen Kinder geregelt, so muss es einen Konsens bezüglich

---

[21] Gegebenenfalls auch gemeinsam mit einem Antrag auf Verfahrenshilfe, welcher ebenso bei Gericht in der Einlaufstelle aufliegt.
[22] Diese Bestätigung wird nicht von allen Gerichten verlangt, verpflichtend ist jedenfalls der Hinweis darauf, dass ein Unterbleiben der Beratung negative Folgen haben kann

- Obsorge
- Betreuungsort
- Kontaktrecht
- Kindesunterhalt

geben.

Obsorge

Ad Obsorge: Hier kann nicht nur zwischen gemeinsamer oder alleiniger Obsorge, also zwischen 0 oder 100 % entschieden werden. Vielmehr ist auch ein Modell möglich, in dem der unterkunftgebende Elternteil die gänzliche Obsorge hinsichtlich aller Aspekte der Obsorge hat, der andere seine Obsorge jedoch nur auf einen Teil (beispielsweise der Vertretung vor Behörden) ausübt. Es ist also möglich die Obsorge auch nur hinsichtlich mancher Einzelaspekte zu definieren und so den Bedürfnissen und Befürchtungen der jeweiligen Elternteile gerecht zu werden. Jedenfalls aber muss jener Elternteil, der den hauptsächlichen Betreuungsort zur Verfügung stellt, immer die Obsorge im vollen Umfang haben. (Für den Fall einer vereinbarten Doppelresidenz wird ein so großes Maß an Konsens vorausgesetzt, dass die Frage der Obsorge wohl kein Diskussionspunkt sein wird).

Betreuungsort

Dieser wird bei einem der beiden Elternteile gewählt und kann grundsätzlich auch nach der Scheidung gewechselt werden. Die Festlegung des Betreuungsortes hat rechtliche Auswirkungen auf Kindesunterhalt, Kontaktrecht und auch Obsorge. Die durch eine oberstgerichtliche Neuinterpretation des Gesetzes angedachte

Möglichkeit der Doppelresidenz mit all ihren Auswirkungen etc. habe ich versucht ansatzweise an anderer Stelle[23] , zu beleuchten.

Kontaktrecht

Das Kontaktrecht des Kindes gegenüber seinen Eltern fixiert das **Recht des Kindes** auf regelmäßigen Kontakt zu beiden Elternteilen. Es soll eben auch der Kontakt zum nicht im gemeinsamen Haushalt lebenden Elternteil rechtlich festgeschrieben werden. Hier reicht es nicht eine vage Formulierung wie: „wird einvernehmlich vereinbart", "alle 2 Wochen" oder "nach Verfügbarkeit der Eltern und Willen des Kindes" zu finden, nachdem eine solche Vereinbarung verhindern würde, dass das Recht des Kindes mangels konkreter Ausformulierung jemals auch durchgesetzt werden könnte. (Nur eine konkrete Formulierung mit unzweifelhaften Daten kann auch durchgesetzt werden: Jedes zweite Wochenende von Freitag 16:00 Uhr bis Sonntag 18:00 Uhr mit Abholung vom Wohnsitz des Kindes, sowie Dienstag nach der Schule bis 18:00 Uhr mit Übergabe am Wohnsitz des Kindes (als Beispiel)). Wie im Rahmen der jüngsten Diskussion zur Doppelresidenz oft thematisiert, kann auch schon bisher eine entsprechende Vereinbarung mit dem nötigen Goodwill aller Beteiligten auf dem Weg des Kontaktrechts erzielt werden, solange es keine Probleme hinsichtlich der Geldleistungen aus dem Titel des Kindesunterhalts gibt.

Nicht zu vergessen sei auch die folgende, unscheinbar wirkende, aber in ihren pädagogischen (hinsichtlich der Eltern) Möglichkeiten beträchtliche **Klausel**:

---

[23] http://derstandard.at/2000024749464/Die-Doppelresidenz-ist-kein-Stein-der-Weisen-sondern-einMosaiksteinchen
aber auch in IFamZ 2017 Ausgabe 3

„Darüber hinaus nach Maßgabe der Verfügbarkeit der Eltern und Berücksichtigung des Kindeswohls nach freier Vereinbarung." Hier öffnen die Eltern einander und vor allem dem Kind die Türe für eine auch kurzfristige, unproblematische Kontaktvereinbarung. Freilich hat diese Formulierung keinerlei rechtlich relevanten Charakter, doch weist sie mehr oder weniger symbolisch darauf hin, dass die Eltern sich zum Wohle des Kindes auch über die rechtlichen Mindestnotwendigkeiten hinaus engagieren können. Nicht, dass eine solche Vereinbarung dafür zwingend nötig wäre… sie hilft aber schon alleine dadurch, dass sie in den Vergleich aufgenommen wurde.

Kindesunterhalt

Dieser bildet gemeinsam mit der Kontaktrechtsvereinbarung den einzigen Teil, welcher **einer völlig freien Verfügung der Eltern entzogen** ist. Der Gesetzgeber sorgt so für das Recht des Kindes auf Unterhalt durch beide Eltern vor. Während der im gemeinsamen Haushalt lebende Elternteil seinen Teil am Kindesunterhalt durch Naturalien (**Naturalunterhalt**) leistet (durch Bereitstellung von Essen, Wohnraum, Fürsorge, Heizung, tägliche Anwesenheit etc.), leistet der andere Elternteil seinen Anteil in Geld (Geldunterhalt). Dieser Anteil wird grundsätzlich in altersabhängigen Prozenten vom durchschnittlichen monatlichen Einkommen berechnet.

Oftmals auftretende Fragen

Die möglichen Probleme und Diskussionspunkte liegen weniger in der Berechnung der Prozente, sondern in der Festlegung der **Unterhaltsbemessungsgrundlage**: mögliche Stichworte hier sind:

Besteht überhaupt noch eine Berechtigung des Kindes auf Unterhalt? Fallen Zahlungen aus **Abfertigungen** in die Bemessungsgrundlage? Werden **Sonderzahlungen** voll eingerechnet? Wie werden Kosten eines **Schikurses** verrechnet? Der geldunterhaltspflichtige Elternteil **vermietet nebenbei** eine Wohnung - sind die **Mieteinnahmen** unterhaltsrelevant? Es besteht eine Divergenz zwischen offiziellem Einkommen (AMS) und **tatsächlichem Lebensstil** aufgrund finanzieller **Unterstützung der Herkunftsfamilie**. Das Einkommen im Vorjahr unterscheidet sich aufgrund eines **Jobwechsels** maßgeblich von jenem im aktuellen Jahr. Wie wird das als **überdurchschnittlich empfundene Engagement** des nicht im gemeinsamen Haushalt lebenden Elternteils im Rahmen des Kontaktrechts im Unterhalt berücksichtigt? Kann das **Wohnrecht des unterkunftgebenden Elternteils** mit dem Kind im Haus des anderen Elternteils gegengerechnet werden? Wie kann verhindert werden, dass sich ein Elternteil durch den Geldunterhalt **bereichert** und ein „schönes Leben" macht?

u.s.v.a.m............

Der Leser erkennt, die Fülle an möglichen Fallstricken und Sollbruchstellen, die einer vernünftigen Einigung zum Wohle des Kindes entgegen stehen, doch ist im Sinne einer nachhaltigen Vereinbarung ein diesbezüglicher Konsens wichtig. Streitigkeiten über den Kindesunterhalt belasten nicht nur das Kind selber, sondern auch über allfällige Gutachten bezüglich der Leistungsfähigkeit des Geldunterhaltspflichtigen dessen Budget.

Eine eingehende Beratung und Unterstützung hinsichtlich der erwähnten Fragestellungen kann freilich nicht im Rahmen eines allgemeinen Textes geboten werden, doch bietet die Erfahrung für die unterschiedlichen Themengebiete **adäquate Lösungsmodelle im Einzelfall**.

Scheidungsfolgen für die Ex-Partner

Nachdem nun die nötigen Punkte hinsichtlich des Nachwuchses abgehandelt und im besten Fall konsensual und kindeswohlorientiert vereinbart wurden, richtet sich der weitere Inhalt des Scheidungsfolgenvergleiches nun auf die Regelung der finanziellen Aspekte zwischen den zukünftigen Ex-Ehegatten:

Nachehelicher Unterhalt

An erster Stelle wird die Regelung des nachehelichen Unterhalts angestrebt.

Hier stehen neben der Möglichkeit einer lebenslangen Unterhaltsvereinbarung auf der einen Seite, eines **wechselseitigen Unterhaltsverzichts**[24] (auch für den Fall unverschuldeter Not, Arbeitslosigkeit, Krankheit oder Änderung des Gesetzeslage), **auch befristete oder bedingte** Unterhaltsvarianten zur Verfügung. Eine Regelung a la: "200.-- im Monat" klingt zwar einfach, hat aber zur Folge, dass dieser Betrag völlig unabhängig von der weiteren Entwicklung des Einkommens des Unterhaltspflichtiger bis jedenfalls zu seinem Ableben und möglicherweise sogar von seinen Erben zu leisten ist. Daher empfiehlt sich eine **„maßgeschneiderte" Lösung**, welche sowohl die Bedürfnisse des Unterhaltsempfängers wie auch die Möglichkeiten des Unterhaltspflichtigen mit in Erwägung zieht. Ebenso kann eine Wertsicherungsklausel eingefügt und Bezug auf das zukünftige Einkommen des Unterhaltsbeziehers genommen werden.

Maßgeschneiderte Lösungen

---

[24] Unter Berücksichtigung der allfälligen Folgen für Sozialleistungen wie beispielsweise Mindestsicherung

Maßgeschneidert kann dabei sowohl hinsichtlich der Höhe des Unterhalts, wie auch des Beginnes der Zahlung (Fristsetzung oder allfällige Bedingung), ein Ende (Befristung oder auflösende Bedingung), Angleichung an die finanziellen Notwendigkeiten (wenn XY einen besser dotierten Job hat, dann soll der Unterhalt um einen Faktor x reduziert werden) oder ähnliches sein.

Witwenpension

Auf die **Folgen hinsichtlich des Anspruches auf Hinterbliebenenpension** sei hier nicht im Einzelnen eingegangen, ich verweise einerseits auf den entsprechenden Text in Wanderer/Handbuch Mediation (WEKA-Verlag), andererseits auf die rechtliche Beratung vor der einvernehmlichen Scheidung. Erwähnt sei jedoch die Möglichkeit alternativ zu einer Vorsorge über die Hinterbliebenenpension eine **Ablebensversicherung** zu Gunsten des Ex-Partners abzuschließen. Die Prämien können durchaus ähnlich den Unterhaltsleistungen (oder auch geringer) sein und der Anspruch gründet sich auf einen zivilrechtlichen Vertrag zwischen dem Versicherungsnehmer und dem Versicherer.

Vermögensaufteilung

Grundsätzlich sei zur Vermögensaufteilung folgendes gesagt: Sätze wie „Ererbtes und Geschenktes unterliegt nicht der Vermögensaufteilung" oder „das Vermögen ist 50:50 aufzuteilen" sind ebenso richtig wie... irrelevant für eine einvernehmliche Scheidung. Freilich haben sie im Falle einer strittigen Vermögensaufteilung Gültigkeit, doch diese ist nur in einem verschwindend geringen Anteil aller Scheidungsverfahren das Mittel der Wahl.

Während bei knapp über 85 % der Scheidungen der Weg über das außerstreitige Verfahren geht, wird auch bei den restlichen 15 % zumeist ein Vergleich über die Vermögensaufteilung geschlossen, sodass eigentlich nur in knapp 10 % dieser 15 % eine strittige Vermögensaufteilung von Nöten ist.

In allen anderen Fällen geht es nicht um juristische Stehsätze, sondern schlicht um den **Konsens der Parteien**. Ob man sich an diesen scheinbaren Vorgaben orientiert oder nicht sei den zukünftigen Ex-Partnern vorbehalten, doch sei auf eine gewisse „Scheuklappenfunktion" dieser Sätze hingewiesen.

Eine Vereinbarung, welche sich an den Bedürfnissen der Parteien und deren Möglichkeiten orientiert, ist jedenfalls einer 0815-Ratgeber-Schablone vorzuziehen. Schließlich handelt es sich wohl kaum um eine **0815-Schablonen-Scheidung**. Ein wenig Kreativität bewirkt oftmals, dass die bisher als fremdbestimmte Aufteilung gesehene Vermögensregelung den Parteien gleich einem Maßanzug an den Leib geschneidert werden kann.

Die eheliche Wohnung

Eine Regelung hinsichtlich der Ehewohnung hängt von deren rechtlichen Gestalt ab. Es liegt auf der Hand, dass eine Mietwohnung anders gehandhabt werden muss als eine gemeinsam in der Ehe angeschaffte **Eigentumswohnung**.

Diese wiederum hat möglicherweise[25] ein anderes rechtliches Schicksal als eine Eigentumswohnung, die seitens der damaligen Verlobten noch vor der Hochzeit erworben wurde. Eine Übertragung des halben Grundbuchsanteils hat wiederum möglicherweise

---

[25] Im Rahmen der einvernehmlichen Scheidung muss man sich nicht an jene Stehsätze halten, die bei der Vermögensaufteilung nach einer strittigen Scheidung gelten. Nicht unerwähnt sei, dass diese strittigen Aufteilungen nur in weniger als 5 (!!) Prozent aller Scheidungen greifen.

steuerrechtliche Konsequenzen. Handelt es sich bei der **Ehewohnung** um ein noch nicht fertig abgezahltes Einfamilienhaus so müssen neben den Formalitäten hinsichtlich der Eigentumsübertragung auch noch die monatlichen Raten des Kredits und ebenso die Kosten für Berechnung der **Grunderwerbsteuer**[26] sowie deren Betrag bedacht werden.

Eine Genossenschaftswohnung führt gegebenenfalls dazu, dass eine Einigung hinsichtlich des Genossenschaftsbeitrags oder einer Abgeltung desselben nötig wird.

Oft lassen sich, die finanziellen Möglichkeiten vorausgesetzt, entsprechende Einigungen durch eine **einmalige oder ratenförmige Ausgleichszahlung** erreichen, welche demjenigen Ehepartner, der die eheliche Wohnung verlässt, einen Neustart ermöglicht und dem anderen den ungestörten Besitz des Eigentums ermöglicht. Unter Umständen kann auch die Ausgleichszahlung in Ratenform als zeitlich begrenzter Unterhalt tituliert werden. Der Fantasie sind höchstens weite Grenzen gesetzt.

Wichtig ist es für den Fall, dass die Ehegatten noch bis zur oder bis zu einem **Zeitpunkt nach der Scheidung gemeinsam wohnen**, einen Zeitpunkt festzulegen, an welchem das ehemals eheliche Heim nur noch von einem benutzt wird - ab wann also der andere sich zum **Auszug** verpflichtet. Wenngleich es durchaus Paare gibt, bei welchen auch auf Goodwillbasis der Ex-Partner noch länger als zum vereinbarten Termin im Heim des anderen wohnen darf, so stellt doch der gerichtlich fixierte Tag jene Grenze dar, an welcher der fortan alleinige Nutzungsberechtigte einen **Rechtstitel zur Räumung** in der Hand hat.

---

[26] Siehe Schwarzenbacher in Wanderer/Handbuch Mediation (WEKA Verlag)

Ersparnisse

Haben die Ehegatten **im Rahmen ihrer gemeinsame Zeit Ersparnisse angespart,** so können/sollen diese im Rahmen der Scheidung aufgeteilt werden. Müssen? Nein, die müssen nicht, denn sollte der Konsens der Parteien dahin gehen, dass die Ersparnisse aus welchem Grund auch immer bei einem der zukünftigen Ex-Partner bleiben, so ist dies freilich möglich. Wenngleich dieser Fall zugegebenermaßen Seltenheitswert hat. Nachdem der Zweck einer Scheidungsregelung zweifellos die Trennung der Lebenssphären der zukünftigen Ex-Partner ist, kann, außer in seltenen Ausnahmefällen, wohl nicht zu einer weiteren vermögensrechtlichen Verbindung geraten werden.

Schulden

Schulden stellen oft nicht nur eine Hürde für einen gelingenden Neustart für die Ex-Partner dar, sie sind manchmal bereits vorher ein Grund für die Zerrüttung der Ehe. Die dadurch entstandene Stresssituation verbunden mit anderen Faktoren erzeugt manchmal den Boden für weitere Konflikte, welche schlussendlich beim Mediator oder bei Juristen der unterschiedlichsten Professionen (Berater, Anwälte, Notare, Richter, etc.…) enden. Im vorliegenden Text sollen primär zwei Aspekte der Schuldenthematik angesprochen werden und zwar jene, die ohne Verhandlungstaktiken mit der Hausbank von statten gehen können. Auf der einen Seite besteht die Möglichkeit einer **Vereinbarung im Innenverhältnis**, der zufolge zwar beide Ex-Partner weiterhin als **Kreditnehmer und/oder Bürge und Zahler** gerade stehen, sie sich aber im Innenverhältnis durch eine vereinbarte **Schad- und Klagloshaltungsklausel** absichern.

Eine andere (im Zweifel zu präferenzierende) Variante ist die Möglichkeit **gemäß § 98 EheG** einen Antrag auf **Ausfallsbürgschaft**[27] zu stellen. Jener Ausfallsbürge kommt erst dann zum Tragen, wenn der Kreditnehmer (also der andere) nach Pfändung sämtlicher Sicherheiten (Lohn, Fahrnisse, Hypotheken) für die Bank ausgefallen ist (daher der Name). Diese Herabstufung kann das Gericht auf entsprechenden Antrag ohne Rückfrage mit der Bank beschließen.

Aufteilung der ehelichen Gebrauchsgüter

Wie auch bezüglich der anderen Themen (Geld, Wohnung, etc.) bedarf es auch hinsichtlich der ehelichen Gebrauchsgegenstände einer Einigung. Was einfach wirkt muss nicht immer problemlos sein. Denn manchmal **hängen an gewissen Dingen besondere Emotionen,** spezielle Erinnerungen. Ein besonderes Bild aus Venedig, das Foto mit den Kindern, ein gemeinsam gewonnener Pokal.

Hier gilt es eine möglichst klare Einigung zu finden und der Versuchung des „Das machen wir uns schon später aus" zu widerstehen. Schließlich findet sich am **Ende einer Scheidungsvereinbarung eine Klausel**, der zufolge die Parteien ausdrücklich auf alle weiteren Ansprüche (…) wechselseitig verzichten. So beispielsweise auf Ansprüche aus ehelichem Vermögen, Gebrauchsgegenstände oder auch Mitwirkung im Erwerb des anderen. Eine Aufteilung sei also **wohl überlegt und hinterfragt**.

Zum aufzuteilenden Gebrauchsvermögen zählt/zählen freilich auch das/die Auto/s. Sind diese in der Mehrzahl vorhanden, so ist eine Aufteilung in der Regel einfach. Problematisch wird es, wenn

---

[27] Hier sei auf die Möglichkeit des § 98 EheG hingewiesen (Stichwort Ausfallsbürgschaft)

das gemeinsame **Familienauto auf Leasingbasis** oder kreditfinanziert ist und beide Partner darauf angewiesen sind. Hier eine Patentlösung vorzugaukeln wäre fahrlässig, jedoch stellt sich nach genauerer Betrachtung einer so ziemlich jeden Scheidungsthematik auch diese Frage im Einzelfall als lösbar heraus.

Darüber hinausgehende Möglichkeiten

Schließlich sei noch auf die Möglichkeit hingewiesen **über die üblichen Formulierungen hinausgehende Vereinbarungen** zu treffen. So kann beispielsweise statt des Anspruches auf Hinterbliebenenpension eine **Ablebensversicherung zu Gunsten des Ex-Partners** vereinbart werden oder kann die Schenkung des ehelichen Hauses an die gemeinsamen Kinder **schuldrechtlich** wirksam avisiert werden. Wenngleich eine solche Vereinbarung noch nicht den Eigentumsübergang als solchen festschreibt, so bedeutet sie dennoch (bei Rechtskraft des Scheidungsbeschlusses) eine **einklagbare Verpflichtung zur Übertragung des Eigentums** auf die Kinder, sobald die Bedingung/die Frist eingetreten oder erfüllt ist.

So speziell wie eine jede Ehe, so speziell ist auch eine jede Scheidung. Keine Thematik gleicht der anderen, weswegen es auch keine 0815-Scheidung geben kann. Obwohl die Versuchung oft nahe liegt mit wenigen Kreuzen am Scheidungsantrag und Vergleich das Ende der Ehe zu besiegeln, so zeigt sich doch die Qualität der Beratung und die Zufriedenheit der Klienten/Medianden nicht primär in der zeitlichen Nähe zwischen erster Kontaktaufnahme mit Mediator/Jurist, sondern vielmehr darin, ob im Rahmen der Mediation/Beratung auch auf unwahrscheinliche Eventualitäten Rücksicht genommen wurde.

Doppelresidenz, der Stein der Weisen?[28]

Stein der Weisen?

Als die Alchemisten des Mittelalters jenen sagenumwobenen Stein der Weisen zu schaffen suchten, galt ihre Mühe dessen Eigenschaften aus quasi minderwertigen Materialen Gold herzustellen. Neben aller magischen und/oder wissenschaftlichen Kunst war damals wohl der pekuniäre Aspekt eine nicht unwesentliche Triebfeder für die endlose Suche. Schon alleine deswegen ist der Vergleich zwischen dem Stein der Weisen und der Erkenntnis des Verfassungsgerichtshofes wohl nur zu maximal 51 % passend.

Nein, es geht dabei nicht ums liebe Geld, höchstens am Rande. Primär soll im Idealfall dem Kind der einfache Zugang zu beiden, fortan getrennt lebenden Eltern ermöglicht werden, wie es schließlich auch in der **Kindrechtskonvention** verankert ist. Schließlich hat ein Kind das Recht auf Kontakt zu beiden Eltern. Nun, soweit so eindeutig. Doch, um den auf den ersten Blick unglücklichen Vergleich mit dem Stein der Weisen noch einmal zu strapazieren: Was ist da jetzt eigentlich so neu?

Manche werden diese rhetorische Frage dahingehend beantworten, dass bisher die unterschiedlichen Richter an den zuständigen Bezirksgerichten einer **50:50 Regelung** keine Zustimmung erteilt hatten. Richtig, es obliegt zweifelsfrei dem Gericht einer Vereinbarung, die nach Meinung und Erfahrung des Gerichts dem Kindeswohl zuwiderlaufen könnte, die Rechtskraft zu verweigern. Dennoch erlebt man als Mediator und Beratungsjurist immer wieder Situationen, in welchen die Klienten und Mediatoren **mit rechtskräftigen Kontaktrechtsregelungen** überraschen, welche mehr

[28] Dieser Text ist auch unter http://derstandard.at/2000024749464/Die-Doppelresidenz-ist-kein-Stein-der-Weisen-sondern-einMosaiksteinchen in der Zeitung DER STANDARD erschienen

oder weniger einen **wochenweisen Wechsel des Betreuungsortes des Kindes festhalten**. Es oblag also offenkundig auch schon bisher den Gerichten im **Rahmen einer kreativen Auslegung** dem **Kindeswohl** dahingehend Vorschub zu leisten, dass man ein starres Wochenendmodell bzw. eine Standardregelung a la „jedes zweite Wochenende und einen Nachmittag unter der Woche„ nicht als unbedingtes Muss sondern ebenso nur als Möglichkeit sehen konnte.

Ebenso wie das Kindeswohl von der **kreativen Bewältigung der unterschiedlichen Situationen** abhängig ist, so ist freilich auch die Regelung des Kontaktrechts zu guter Letzt vom wechselseitigen **Goodwill der Eltern** zugunsten des Kindes abhängig. Der Stein der Weisen muss also nicht neu geschaffen werden, er war immer schon existent und hieß **„Einvernehmen“ beziehungsweise „Kreativität“**. Natürlich kann es im konkreten Fall schwer fallen sich im Scheidungswirrwarr auf eine komplexe Regelung hinsichtlich des Kindesaufenthaltes zu einigen, doch ist ein **gutes Miteinander auf der Elternebene** ohnehin unabdingbare conditio sine qua non für die Doppelresidenz.

Nur wenn beide Eltern ihre **Konflikte auf der Paarebene** bereits ausgetragen haben und diese ausgeräumt werden konnten, steht eine Vereinbarung des **Paritätsmodelles** auf einem festen Untergrund. Konfliktherde hinsichtlich neuer Partner, finanzieller Ungleichgewichte, allfälliger Ausgleichszahlungen oder sonstiger Sollbruchstellen müssen vorher angesprochen und beseitigt werden.

Daher ist es für ein gutes Funktionieren der Doppelresidenz nahezu unumgänglich, dass die wechselseitigen Geldflüsse zwischen den Eltern aus den unterschiedlichen Rechtstiteln[29] jedweder Diskussion entzogen sind, beziehungsweise das Einkommen beider Eltern einen entsprechenden Lebensstandard auch ohne zusätzliche Transferleistung des Ex-Partners ermögliche. Erst wenn der Kindesunterhalt keinerlei Konfliktthema darstellt, wenn auch allfälliger Sonderbedarf problemlos abgedeckt werden kann, ist die Basis einer optimalen Doppelresidenz gelegt.

Freilich gibt es Modelle, die sich hinsichtlich der Organisation des Unterhalts bewährt haben. Das sogenannte „Kinderkonto" auf welches der geldunterhaltspflichtige Elternteil seinen Anteil überweist, ebenso wie auch der hauptsächlich betreuende Elternteil beispielsweise die Familienbeihilfe und/oder einen anderen Betrag einzahlt. Strenge Regeln schaffen auch hier eine gute… Elternschaft, wenn schon nicht Freundschaft. Wird jedoch dann auf Basis des Stehsatzes von den 10 Prozent, welche pro überdurchschnittlichen Tag Kontaktrecht abgezogen werden können, argumentiert, so kippt der Konsens relativ schnell. Daher eben die Wichtigkeit der eindeutigen und nachhaltigen Regelung bezüglich der finanziellen Aspekte.

Nein, die Doppelresidenz ist keine Sensation, ebenso wenig wie sie bisher ein anzuwendendes Standardmodell war. Davon ausgehend, dass es jedoch auch keine Standardfamilien, keine 0815-Kinder bzw. Eltern gibt, sondern immer nur konkrete Menschen, die sich in einer speziellen Lage um die bestmögliche Einigung bemühen, ist es erfreulich, dass der Fundus der Möglichkeiten wieder einmal um ein Mosaiksteinchen erweitert wurde. Sie ist kein Stein der Weisen, sondern schlichtweg eine weitere Möglichkeit von vielen, die zum Wohle des Kindes im jeweiligen Einzelfall herangezogen werden könnte.

---

[29] Neben dem Geldunterhalt für Kinder können beispielsweise auch Zahlungen aus dem Titel des nachehelichen Unterhalts geleistet werden, ebenso wie auch Ausgleichszahlungen in Ratenform oder Kreditraten hier gemeint sein können.

ZUR NACHBARSCHAFT

Lösungsansätze bei Nachbarschaftskonflikten

Einleitung

Ja, **wenn es den Nachbarn gefällt, kann der Frömmste freilich in Frieden leben**. Doch jener Prozentsatz, welcher sich entweder nicht zu den Frömmsten oder zu den Glücklichen zählt die entsprechende Nachbarn haben, leidet unter diversen Beeinträchtigungen des Wohnklimas. Wie nun soll der geplagte Mieter/Eigentümer damit umgehen, wenn sein **Bedürfnis nach ungestörter Ruhe** in den eigenen vier Wänden missachtet wird und in **subjektiv empfundenen Psychoterror** ausartet?

Wie andererseits können **Streitigkeiten zwischen Vermieter und Mieter** auf Basis des Mietvertrages gelöst werden? Ist hier der Gang zu Gericht zwingend oder gibt es auch andere Wege der Konfliktregelung? Kann **Mediation** beispielsweise in einem Fall helfen, in dem der **Mietzins nicht gezahlt** wird, das Mietobjekt vertragswidrig genutzt wird oder ein bestandschädigendes Verhalten an den Tag gelegt wird?

Der lärmende Nachbar

Leider kennt man es zu oft aus eigener Erfahrung: Die lange leer stehende Wohnung im Stock über dem eigenen Schlafzimmer wird neu vermietet, vielleicht auch noch schlecht saniert und schon wird **die zuvor als Ruheoase geltende Wohnung zur Lärmhölle**. Springende Kinder, lautes Fernsehen und der Ton des Weckers, welcher mit aufdringlicher Regelmäßigkeit um 6:00 Uhr den täglichen Radau einläutet, während man selber eigentlich noch bis um 7:00 Uhr schlafen könnte. Welche Wege gibt es nun, um **endlich wieder Ruhe** zu finden, um vielleicht sogar den Nachbarn als mehr als nur einen Störfaktor zu erleben?

Erste Anlaufstelle: Polizei

Als gelernter Wiener ist oft die **Polizei die erste Anlaufstelle**, wenn nach 22:00 Uhr noch Lärm aus der Nachbarschaft dringt. Erscheinen die Beamten dann nach wenigen Minuten, so wird erst festgestellt, ob die Lärmbelästigung noch besteht, daraufhin statten die Polizisten den Nachbarn einen Besuch ab und weisen auf die Lärmbelästigung hin. Für **kurze Zeit**, möglicherweise für den betreffenden Abend, kommt es so zu einer **Besserung der Situation** für den lärmgeplagten Nachbarn, doch das nachbarschaftliche Klima ist längerfristig gestört. Erfahrungsgemäß bietet sich also die Zuhilfenahme der Polizei dann an, wenn - aus welchem Grund auch immer - weniger **Wert auf eine längerfristige gute Nachbarschaft** gelegt wird, weil beispielsweise der Kontakt nur selten besteht.

Sollte freilich die Nachbarschaft schon **dermaßen zerrüttet** sein, dass keine Wiederherstellung einer positiv besetzen Freundschaft zu erwarten ist, so kann die Einschaltung der Polizei auch dahingehend sinnvoll sein, dass **Beweise für die Lärmerregung hinsichtlich eines Gerichtsverfahrens geschaffen oder gesichert** werden.

Die Sicht des Anwalts im Konfliktfall

Ist man als Mieter **rechtsschutzversichert oder Mitglied einer Mieterinteressensvertretung**, so wäre der Gang zum Anwalt und fortan zu Gericht kein finanzielles Risiko. In einem spannenden Interview formuliert RA Dr. Alexander Illedits für das Magazin „der Trend"[30][i] jedoch einige Aussagen, die die Erfolgsaussichten einer entsprechenden Klage beschreiben: Es gelte zwar grundsätzlich das **Rücksichtnahmegebot** des ABGB, doch schränken oft die

---

[30] http://www.trend.at/service/recht/so-sie-nachbarn-wehr-375081

Tatsachen die unmittelbare Wirkung einer Verwaltungs- oder Gerichtsstrafe ein.

Strafen und Klagen

So kann es bis zu **1 ½ Jahren** dauern, bis im Verwaltungsstrafverfahren eine Geldstrafe für eine Lärmbelästigung verhängt wird, so der Anwalt. Während der Ruhestörer **bis dahin keinerlei Konsequenzen** für sein Verhalten spürt, **steigt der Leidensdruck** des Beschwerdeführers weiterhin. Kommt es nach 18 Monaten schlussendlich zu einer Sanktion, so wird dies als Angriff auf den Nachbarn empfunden und die Chance auf eine friedliche Nachbarschaft begraben.
Ebenso kann zwar mit einer „**Lärmstörungsunterlassungsklage**" gerichtlich am örtlich zuständigen BG gegen die akustische Belästigung vorgegangen werden, wie der Anwalt erwähnt, doch zeigt die Erfahrung, dass die Wirkung einer solchen allfälligen Stattgebung der Klage auch nur begrenzt anhält. Darüber hinaus wäre eine Abweisung, aus welchem Grund auch immer, eine Bestätigung des Ruhestörers und somit ein **Persilschein für eine Fortführung der Belästigung**. Noch frustrierender scheint der Kampf gegen Geruchsbelästigungen durch Grillen im Garten oder Tabakkonsum im Freien. Hier kommt es zwar auch auf die **Einzelfallgestaltung** an, doch spricht auch der Immobilienanwalt von **geringen Aussichten.**

Dass es bei einer Lärmstörung nicht auf das subjektive Lärmempfinden, sondern viel mehr auf die objektiven Gegebenheiten und die Ortsüblichkeit ankommt, mag dem Einzelnen, sei er nun nachtdienstgeplagter Arzt oder Studentin unmittelbar vor der Diplomprüfung, ebenso wenig helfen.

Fraglos ist die Möglichkeit einer **Klagsdrohung** zu begrüßen. Es ist wichtig, sich im Falle eines Rechtsbruches als **ultima ratio** an das Gericht wenden zu können. Doch, oft sind **andere Wege** mit geringerem Aufwand vorher möglich.

Schlichtungsstelle

Um die Gerichte zu entlasten wurde in Angelegenheiten des WGG und des MRG in einigen Städten die **Schlichtungsstelle dem BG vorgeschalten**. Anträge des Mieters sind vorerst dort einzubringen. Eine Entscheidung der Schlichtungsstelle muss jedoch nicht anerkannt werden, sondern kann weiter zu Gericht abgezogen werden und mündet nun weiter in ein ordentliches Verfahren. Übliche Anträge an die Schlichtungsstelle wären: **Durchführung von Wartungsarbeiten, Mietzins-, Betriebskostenüberprüfung, sowie Rückforderung von illegalen Ablösen**.

Interessensvertretungen der Mieter

Die **Mietervereinigung bzw. der Mieterschutzverband** leistet im Gegensatz dazu zwar **Beratungsarbeit** und bietet seinen Mitgliedern auch rechtliche Vertretung im Streitfalle, doch dienen beide Institutionen **nicht als Instanzen der Streitschlichtung** zwischen Mietern oder Mieter und Vermieter.

Hausverwaltungen

Hausverwaltungen hingegen spielen sehr wohl manchmal eine Rolle in der konsensualen Beilegung von Bewohnerkonflikten. Insbesondere jene Hausverwaltungen, die sich neben der reinen Immobilienentwicklung bzw. -verwaltung auch **dem sozialen Frieden** innerhalb der Wohnhausanlage verschrieben haben, sehen sich entweder direkt oder auch über die im Konfliktfall herangezogenen Mediatoren auch als **Vermittler zu Gunsten eines konsensorientierten Miteinanders**.

Hausvertrauensleute

Die Institution der „Hausvertrauensleute“ ist zwar in vielen Häusern üblich, wenngleich aber **gesetzlich nicht vorgesehen**.

Bei ihnen können die Miteigentümer **ihre Bedenken und Anliegen** deponieren, sie können, so es eine dahingehende Einigung gibt, dann als Ansprechpartner für die Hausverwaltung dienen.

Mangels gesetzlicher Regelung haben die Hausvertrauensleute **keinerlei Entscheidungsgewalt** und können daher **nur informell als Anlaufstellen für hausinterne Konflikte** dienen. Gerade diese Ungezwungenheit ermöglicht jedoch oft **unbürokratische und persönliche Lösungen**, welche den Hausfrieden langfristig eher sichern können als der Gang zu Gericht.

Nachbarschaftsmediation

Insbesondere im Gegensatz zu jenen rein obrigkeitlichen Ansätzen der Konfliktregelung durch Gericht und/oder Polizei hat sich die Nachbarschaftsmediation in jenen Konfliktfällen bewährt, in denen die Nachbarn auch nach einer Entscheidung wieder zurück zu einem gütlichen Miteinander finden sollen. Nachdem in der Mediation die Verantwortung nicht an eine übergeordnete Instanz delegiert wird, sondern der Mediator rein als allparteilicher Mittler fungiert, welcher die Bedürfnisse der Parteien herausstreicht, erarbeiten diese ihre eigene Lösung für ihren rein persönlichen Konflikt.

Die **Aussichten einer solchen Mediation** sind dabei umso positiver, solange einerseits keine außenstehenden Personen in Koalitionen einbezogen wurden und andererseits die Hausordnung bzw. die Hausverwaltung keine Einwände gegen die möglichen Lösungsansätze hat. Beispielsweise kann in manchen Fällen der Einzug einer **Lärmdämmung** zwar das von beiden Mediananden gewünschte Mittel der Wahl sein, doch widerspricht die Hausverwaltung einer nachhaltigen baulichen Veränderung. In solchen Fällen bedarf es dann frei nach den Motto ***„Statt ob, frag wie“***[31] eines neuen Ansatzes, um **unter Einbeziehung aller Aspekte eine nachhaltige Lösung zu finden**. Mit entsprechender **Kreativität** wird in

[31] Motto auf http://www.mediation-wanderer.at

einer Vielzahl der Fälle[32] eine konsensorientierte Einigung erzielt, welche allen Parteien den gewünschten Frieden in den eigenen vier Wänden wiederherzustellen vermag.

Beispiel für Mediation

Nachdem in der Regel am Beginn eines Nachbarschaftskonfliktes unausgeräumte Missverständnisse stehen, sei abschließend der folgende Fall als Praxisbeispiel einer Mediation genannt: Ein junges Ehepaar hatte eine Wohnung bezogen, welche über längere Zeit leer gestanden war. Die Nachbaren hatten sich über die Jahre an die Stille der leeren Wohnung gewöhnt und waren daher nicht sonderlich über die Geräusche erfreut, die die neuen Nachbarn im Rahmen der ersten Wochen durch Renovierungsarbeiten etc. erzeugten. Ein gespanntes Klima baute sich auf, welches aufgrund einer Geburtstagsfeier mit lauterer Musikbeschallung in einer Mediation mündete. Problemlos konnten hier die bestehenden Missverständnisse ausgeräumt werden, ja es konnte sogar ein über die Nachbarschaft hinausgehender Kontakt geschlossen werden. Es stellte sich heraus, dass die junge Nachbarin Zahnärztin war und der eingesessene Nachbar seit längerem nach einem vertrauenswürdigen Dentisten suchte.

Genau so individuell wie jeder einzelne Nachbarschaftskonflikt sind auch die einzelnen Lösungsansätze. Während in manchen Fällen eher obrigkeitliches Einschreiten angebracht scheint, bietet die Mediation die Möglichkeit eine selbstbestimmte Lösung für die eigene Lebensqualität zu finden.

---

[32] Eine statistische Auswertung einer großen Wiener Hausverwaltung spricht von einer Erfolgsquote von 76 %

Tipps zur gelingenden Nachbarschaft

Nein, nicht als Mediator sondern als Träumer schreibe ich diesen kurzen Text. Freilich ist es klar, dass keinesfalls in jedem Fall eine Nachbarschaft gütlich verlaufen muss, es kann immer wieder zu Missverständnissen kommen, welche in weiterer Folge das Zusammenleben belasten können.

Nun, wie aber kann man hier den Anfängen der Missverständnisse bereits wehren?

Wohl mit **demonstrativem, guten Willen**, welcher schon beim Einzug in die neue Wohnung, besser noch bei der Wohnungssuche, beginnen kann. Es liegt schließlich auch im **Interesse des jeweiligen Neumieters oder Neueigentümers**, seine Nachbarn zu kennen, schließlich teilt man in der Zukunft doch einen essentiellen Lebensbereich mit ihnen. Ebenso wie man die Kellerräumlichkeiten als Abstellräume in Augenschein nimmt, wäre also auch ein **kurzes Anläuten bei den Nachbarn** angezeigt. Durch diesen ersten Kontakt könnte man weiters auch **diverse Informationen hinsichtlich des Hauses, der Hausgemeinschaft und der Hausverwaltung** erfahren, welche wohl nicht immer in der Präsentation des Maklers enthalten sind.

Spätestens beim Einzug wäre eine kurze **Vorstellrunde** im Haus oder zumindest im Stock und den angrenzenden Stockwerken ein Zeichen **der Höflichkeit** der Hausgemeinschaft gegenüber. Auch persönlich konnte ich den Unterschied zwischen der herzlichen Nachbarschaft, welche mit einer Wohnungseinweihungsparty begann (wer mitfeiert kann sich nicht über den Lärm in der Nachbarwohnung aufregen (!)) und der gelinde gesagt kühlen Nachbarschaft zu anderen Neumietern feststellen, welche diese Grundform der Höflichkeit nicht in Erwägung gezogen hatten.

Freilich, oft sind Basics zu viel erwartet, hier liegt es manchmal an einem selber sich nicht in einen **gedanklichen Abwärtsstrudel** Marke Watzlawick einzulassen. **Assoziationen** helfen hier enorm.

Eine anonyme Trampelei wird viel eher als störend empfunden als das Geräusch laufender Kinder, welche man auch persönlich beim Heranwachsen beobachten kann. Angst vor der gefürchteten Konfrontation führt aber erst recht zu dieser. **Freundlichkeit**, so anachronistisch sie auch sein möge, ist immer noch der beste Weg sich dem noch nicht entstandenen Problem in den Weg zu stellen. Und im besten Fall gewinnt man nicht nur einen freundlichen Nachbarn, sondern auch einen Freund. So schlimm kann das ja auch nicht sein, oder?

Schriftliche Vereinbarungen bei Nachbarschaftsmediationen

Wurde ein **Nachbarschaftskonflikt** einer Mediation zugeführt, konnte ein Termin vereinbart werden und führte dieser dann darüber hinaus auch noch zu einem positiven Gespräch, so stellt sich die Frage nach der **Verbindlichkeit** dieser Mediation. Nachdem in der einschlägigen Literatur von **schriftlichen Abschlussvereinbarungen** die Rede ist, werden diese auch im Rahmen des Nachbarschaftskonfliktmanagements oftmals von den Medianden beziehungsweise dem Mediator aufgesetzt und unterfertigt.

Schriftform verpflichtet

Die Praxis zeigt hier wie so oft ein zwiespältiges Bild: Einerseits schaffen schriftliche Vereinbarungen eine nicht unbeträchtliche **Verbindlichkeit**, die in weiterer Folge auch Sicherheit schaffen kann oder zumindest **Sicherheit** bewirken soll.

Andererseits jedoch gibt es immer wieder Mediationsfälle in denen die Einstellung der Lärmbelästigung schlichtweg nicht auf alle Zeiten garantiert werden kann. Spielen beispielsweise Kinder in der Wohnung über dem Beschwerdeführer, so kann man zwar durch entsprechende Hinweise eine vorübergehende Reduktion der Geräuschkulisse bewirken, eine Vereinbarung wie: "Partei X verpflichtet sich dafür Sorge zu tragen, dass die Kinder nicht mehr in der Wohnung spielen", könnte aber möglicherweise auch dazu führen, dass beim geringsten Geräusch nun mit Anwälten gedroht wird, schließlich hat man eine schriftlich dokumentierte Vereinbarung.

Einerseits freilich ist die Mediation der **nachhaltigen Verlässlichkeit** verpflichtet. Nur, wenn Vereinbarungen auch tatsächlich nachprüfbar geschlossen werden und die Parteien so auf deren Einhaltbarkeit pochen können, so könnte man annehmen, dass das Ergebnis der Mediation auch Bestand hat. Die Unterschrift scheint zu fixieren, scheint einen **höheren (auch moralischen) Bindungswert** zu garantieren.

Das Leben ist nicht immer schriftlich

Doch, wie so oft im Leben gilt es zu differenzieren:

Bei reinen **Sachfragen** wie beispielsweise der Höhe des Mietzinses oder einer Vereinbarung zwischen den Nachbarn über die Nutzung einer Grünfläche kann und soll auch aus **juristischer Sicht** eine **schriftliche Vereinbarung** geschlossen werden.

Müssen **Definitionen** geklärt werden und geht es schlicht um die formelle Fixierung von rechtlich relevanten Fragen, so ist die Schriftform praktisch unabdingbar. Zumal beispielsweise bei Vereinbarungen, welche **grundbücherliche Eintragungen** nach sich ziehen, in der Regel auch **notarielle Unterstützung** geholt wird.

So eindeutig also die Frage nach der schriftlichen Fixierung der Mediationsvereinbarung zu beantworten scheint, so sei aber auch darauf hingewiesen, dass die Konzentration auf die Schriftform einen völlig **ungewollten Nebeneffekt** haben kann. Gerade in Nachbarschaftskonflikten zwischen benachbarten Mietern oder Wohnungseigentümern geht es sehr oft in Wirklichkeit weniger um juristische Fakten, sondern oft vielmehr um **emotionale Bedürfnisse**. Manchmal liegen die Wurzeln der Konflikte viele Jahre zurück, wurden niemals angesprochen oder ausgeräumt und treiben so ihre unkrautartigen Blüten bis in die Gegenwart. Hier besteht die Aufgabe des Mediators weniger in der primär zielorientierten schriftlichen Vereinbarung, sondern vielmehr darin, das **Gesprächsklima zwischen den Medianden zu verbessern**. Kommt es im Rahmen einer Mediation nach vielen Jahren des gegenseitigen Schweigens zu einer wechselseitigen Einladung in die jeweilige Wohnung, werden Nummern ausgetauscht und **Hände in nachbarschaftlicher Art und Weise geschüttelt**, so ist weit mehr geschehen, als der formell korrekte Abschluss einer schriftlichen Vereinbarung. Gerade in jenen Fällen, in denen **Missverständnisse und Irrtümer** der Grund für die Kontaktaufnahme mit dem Mediator sind, kann das Festhalten an der Forderung nach der Schriftform erst wieder Misstrauen erzeugen.

Oftmals entzieht das eine oder andere mediierte Gespräch zwischen den Nachbarn dem Konflikt den Boden unten den Füßen/Wurzeln, sodass (um im botanischen Bild zu bleiben) die streittragenden Äste verdorren und der Baum bald einer grünen, nachbarschaftlichen Wiese Platz machen kann.

Vertrauen wir den Parteien dahingehend, dass sie kein zwingendes Formalkorsett für ihren persönlichen Umgang benötigen, sondern stellen wir es als mögliches Tool neben all jene anderen, die der Mediator in seiner Praxis hat.

Ein Fall aus dem Leben

Ein gutes Beispiel dafür, dass die **Kreativität** und situationsbedingte **Flexibilität** des Mediators wie auch der Mediantden zu guten, wenngleich völlig unerwarteten, Ergebnissen führen kann ist der folgende Fall:

Bella Italia in Wien Ottakring[33]

Genervt von immer wiederkehrender Beschallung durch laute ***Musik*** *bis hinein in die Nachtstunden, wandte sich Herr C an die Hausverwaltung. Es ergingen mehrere Briefen an Herrn D, welcher rasch als Verursacher ausgemacht werden konnte.*

---

[33] Auch dieser Fall wurde aus Gründen der Verschwiegenheit etwas entfremdet

Diese Briefe brachten jedoch keinerlei Verbesserungen, da Herr D sich ***keiner Schuld bewusst*** *war. Die Hausverwaltung schaltete nunmehr den Mediator ein.*

Nach einigen Versuchen wurde ein gemeinsamer Termin in den Räumlichkeiten der Genossenschaft vereinbart, zu welchem Herr C auch überpünktlich erschien. Herr D war 20 Minuten danach noch ***nicht erschienen****, weswegen er vom Mediator angerufen wurde. D hatte sich* ***irrtümlich ein falsches Datum*** *eingetragen. Der Mediator schaltete nach Rücksprache mit den Parteien sein Handy auf den* ***Lautsprecher*** *und staunte über den Verlauf des Gespräches. Es stellte sich heraus, dass sich beide Herren noch* ***nie persönlich begegnet*** *waren. Herr C outete sich als Italienfan, was aufgrund der venezianischen Herkunft D´s sehr hilfreich war. Die beiden verabredeten ein Treffen in einem Lokal zwecks eines ersten Treffens und die Mediation wurde beendet.*

Der Mediator erkundigte sich später über den Verlauf des Treffens und erfuhr, dass Herr C nun italienisch mit Herrn D lernte und dieser von C´s beruflicher Erfahrung profitieren konnte….

Mediation ist Kreativität im Sinne der Medianden

Mediation ist zu einem sehr hohen Maß **Kreativität**. Ebenso wie sich die Geschichten und Probleme der Medianden, welche sie zum Mediator geführt haben, nicht über einen Kamm scheren lassen, so wäre ein primär formelles Verständnis des Mediationsprozesses gebunden an den lehrbuchgemäßen Ph(r)asen der Mediation in manchen Fällen ein suboptimaler Ansatz.

Das Ziel, eine Verbesserung der Lebensqualität am eigenen Grund beziehungsweise in den eigenen vier Wänden wird dann am besten erreicht, wenn die Mediation ebenso **individuell gestaltet** wird wie der Konflikt, welcher sie auf den Plan gerufen hat. Oftmals steht dann eine schriftliche Vereinbarung am Ende. Oftmals auch nicht.

Kollateralvorteile der Mediation

Einleitung

Oft hilft Mediation, darüber besteht kein Zweifel. Oft können auf diesem Weg scheinbar unüberbrückbare Missverständnisse aufgeklärt, können Probleme besprochen und im besten Falle Nachbarn zu Freunden werden. Oft, allerdings nicht in jedem einzelnen Fall. Manchmal werden Termine abgesagt, gelegentlich wird eine Mediation auch abgebrochen oder die Parteien kommen schlicht zum Ergebnis, keine Einigung zu finden. Ist in diesen Fällen die Mediation gescheitert? Ist sie gar sinnlos gewesen?

Keineswegs

Vorteile der Mediation im Verhältnis zum Gerichtsprozess

Im Gegensatz zu einem verlorenen Gerichtsprozess besteht nach einer Mediation auch weiterhin eine große Wahrscheinlichkeit, dass **entstandene Kontakte weiterhin genutzt** werden. Denn, während im Gerichtssaal rein die rechtliche Ebene betrachtet wird, so wird im Rahmen der Mediation der Fokus auf die **Bedürfnisse und Motive der Mediananden** gerichtet. Dieses Eingehen auf die höchstpersönlichen Wünsche und Anliegen der Mediananden ebnet auch den Weg für eine Gesprächsbasis der Parteien abseits der Mediation.

Ventilfunktion der Mediation

Auch hat sich in der Praxis gezeigt, dass auch schon alleine die Tatsache, dass sich ein Dritter der Thematik annimmt und somit den Parteien signalisiert sie in ihrem Leidensdruck auch ernst zu nehmen, eine **Ventilfunktion** hat. Diese kann auch dazu dienen, den Konflikt etwas zu **deeskalieren** und so durch die gewonnene Zeit auf **neue Gespräche** zwischen den Hausparteien zu setzen.

Mediation durch Nicht-Mediatoren

Der Prozess der Mediation erschöpft sich nicht zwingend in jenen Sitzungen, die gemeinsam mit einem/r oder mehreren MediatorInnen in deren Praxisräumlichkeiten abgehalten werden, sondern geht auch darüber hinaus. **Mediierende Funktion** kann auch ein anderer Nachbar, kann das schwarze Brett oder sogar auch die Zeit schlechthin haben. Wichtig ist die Einleitung der Mediation durch eine der beiden Seiten oder, wie manchmal auch, durch den Hausverwalter.

Die wesentliche Entscheidung

Eine der wesentlichsten Entscheidungen seitens der Medianden im Rahmen des Mediationsprozesses ist es, **auf eine selbstbestimmte Lösung** des Konfliktes zu vertrauen und die Konfliktlösungskompetenz nicht an eine außenstehende Instanz zu delegieren. Ist diese Entscheidung einmal getroffen, so ist grob gesprochen der weitere Fortgang der **Mediation zweitrangig**.

Nachdem sich der Mediator ohnehin nicht als Quelle der Weisheit versteht, sondern vielmehr den Konfliktlösungsprozess moderiert, kann man den Medianden in konsequenter Fortführung dieses Gedankens auch insofern vertrauen, als sie auch ohne formelle Mediation zu einer guten Lösung ihrer Thematik kommen können.

Keineswegs soll diese Überlegung jedoch den Mediator als Fachmann der Konfliktlösung aus der Pflicht nehmen, vielmehr sollen nur die Möglichkeiten aufgezeigt werden, die auch für den Fall bestehen, dass die formelle Mediation nicht weiter betrieben werden kann.

Praxisanwendung bei Nachbarschaftskonflikten

Das Wissen um diese Mechanismen kann insbesondere im Bereich der Nachbarschaft von Diensten sein, nachdem eine von Stress und Furcht geprägte Nachbarschaft einerseits einen immensen Leidensdruck schafft, andererseits jedoch die Betroffenen oft darunter leiden in ihren **Bedürfnissen nicht ernst genommen** zu werden. Hier ist es nicht relevant, ob die Ruhestörung durch Lärmeinwirkungen im Rahmen der Nachtruhe oder sonstiger Übertretungen der Ortsüblichkeit empfunden wird, sondern auf die **rein subjektive Einstellung der betroffenen Parteien** zueinander. Und diese kann schon mit der ersten Kontaktaufnahme des Mediators verändert werden, umso mehr mit jedem Gespräch, das im Rahmen des Mediationsprozesses stattfindet. Ein schriftlicher Vertrag wäre zwar lege artis, doch conditio sine qua non für eine Verbesserung der Lage ist er nicht. **Die Chemie zwischen den Nachbarn** ist vielschichtig, genauso wie die Möglichkeiten sie in irgendeiner Form zu verbessern.

Erfahrung macht gute Mediatoren

Je entspannter daher die Herangehensweise an die Mediation seitens der Parteien und auch des Mediators ist, desto größer bleibt auch das **Spektrum der Lösungsmöglichkeiten**. Daher ist bei der Wahl des Mediators auch dessen Erfahrung im Bereich der Nachbarschaftsthematik ein wesentlicher Faktor.

Gedanken zur kulturübergreifenden Mediation

Die kulturelle Vielfalt Wiens

Als Bewohner einer Großstadt wie Wien erlebt man das Aufeinandertreffen der unterschiedlichen Kulturen auf die unterschiedlichste Art und Weise. Gehe ich kürzlich über den Stock-im-Eisen-Platz im Zentrum, so sehe ich Touristen vor einem hoch erhobenen Buch knien. Folgt man seinen stereotypisierten Gedanken, so sucht man vergeblich den Gebetsteppich und lauscht dem Gebetsaufruf. Doch NEIN, es handelt sich dabei nicht um Gläubige aus dem Morgenland, sondern viel mehr um koreanische Touristen, die ihr in ein Buchcover gepacktes Tablet als Kamera verwenden und ein Foto des Stephansdomes festhalten.

Unsere Erfahrungen als Filter der Ansichten

Freilich haben wir **unsere Erfahrungen, unsere Meinungen, die durch persönliche Erlebnisse**, Gespräche und all jene Information, die wir tagtäglich aus den Medien eingetrichtert erhalten. All dies enthebt uns aber keinesfalls der Verantwortung selber auch die Augen aufzumachen, die Ohren dem Positiven zu widmen und stets den grünen Zweig dem grauen Grenzbalken vor dem eigenen Auge vorzuziehen.

Unterschiede als Faszinosum

Als Mediator faszinieren mich die **Unterschiede**, die **Diversitäten** der Menschen. Zwischen Mann und Frau, Jung und Alt, Stadt und Land und auch beispielsweise die Herausforderungen an das **Zusammenleben unterschiedlicher Kulturen**.

Ich gehe davon aus, dass im Endeffekt die **Bedürfnisse der Menschen** – bei allen kulturellen Unterschieden – **deckungsgleich sind**. Zugegebenermaßen… manchmal irre ich in dieser Annahme, aber dieser Irrtum lässt sich keineswegs an kulturellen Merkmalen festmachen, sondern liegt über alle Herkünfte in den **Persönlichkeiten der Medianden** begründet.

Was uns eint

Was eint, ist der **Wunsch nach Ruhe**. Schon auch in der Physik lernt man, dass **alles Chaos im Endeffekt nach Ruhe strebt**, somit auch der Mensch. Sie wird unterschiedlich definiert, wird von Person zu Person, von Kultur zu Kultur anders erlebt und doch... alle streben sie an. Wie diese Ruhe, sei es im familiären Umfeld, am Arbeitsplatz oder auch in den eigenen vier Wänden, erreicht wird, ist individuell verschieden, doch... sie ist das grundsätzliche Ziel der Medianden.

Nicht Verständnis, sondern Akzeptanz

Vielleicht ist weniger das allumfassende Verständnis der fremden Kultur der Schlüssel zu einem vernünftigen Miteinander, sondern vielmehr die **Akzeptanz**, dass alle im Endeffekt nach Ruhe und Glück streben, auf den unterschiedlichsten Wegen.

So kann auch jeder von der Herangehensweise des anderen lernen, kann ein wenig profitieren. So werden frühere Konfliktgegner zu Lehrern und später vielleicht zu Freunden. In einer idealen Welt, die es zu erreichen gilt.

ZUM ERBEN

Mediation und Erbrecht[34]

Ziel des Erbrechts:

Ziel des Erbrechts ist **die Regelung der Übergabe aller vermögenswerten Rechte und Pflichten** (Nachlass) zum Zeitpunkt des Todesfalles anlässlich des Todes des Erblassers auf die entweder von ihm bestimmten Erben und Legatnehmer oder die im Rahmen der gesetzlichen Erbfolge vom Gesetzgeber genannten Rechtsnachfolger des Verstorbenen.

Was ist der Nachlass

Es handelt sich dabei bei der Erbschaft um eine **Universalrechtsnachfolge**. Der Erbe „erbt" daher nicht bestimmte Gegenstände wie das Elternhaus, die Perlenkette oder das Auto, sondern entweder 100 % (bei Alleinerben) oder entsprechend andere Prozentsätze des gesamten Nachlasses, welcher **aus allen vermögenswerten Rechten und Pflichten des Verstorbenen** besteht. Sohin muss gegebenenfalls bei einer Mehrzahl von Erben erst geklärt werden, wer nun welchen Teil übernimmt, wie mit den allfälligen Schulden umgegangen wird, wer seinen Erbteil von den anderen Erben möglicherweise mit einer Einmalzahlung abgegolten haben möchte, beziehungsweise wie mit den Pflichtteilsberechtigten umgegangen wird.

Möglichkeiten der Erbfolge

Gesetzlich: Die gesetzliche Erbfolge dient primär als Backup für den Fall, dass der Erblasser **keine letztwillige Verfügung** hinterlassen hat. Dabei werden im **Parentelsystem** die Verwandten des Erblassers zu Erben bestimmt. Die erste Parentel stellen die Kinder, Enkel, Urenkel etc., also die Deszendenten dar. Die zweite Parentel wird durch die Eltern und deren Kinder, also die Geschwister des

---

[34] Dieser Text ist in der Vollfassung auch in Wanderer/Handbuch Mediation (2017) erschienen.

Erblassers repräsentiert. Die dritte Parentel beinhaltet dann wiederum die Großeltern und deren weitere Kinder, somit die Tanten und Onkel, Cousinen und Cousins des Erblassers und deren Kinder.

Die **Ehegattin/der Ehegatte** erbt neben Kindern und deren Nachkommen (**1. Parentel**) der Verstorbenen/des Verstorbenen ein Drittel des Nachlasses. Neben Vertreter der **2. Parentel** (Eltern und Geschwistern des Erblassers) erbt der Ehegatte bei Kinderlosigkeit zwei Drittel des Nachlasses. Sollten auch keine Eltern oder Geschwister des Erblassers die Erbschaft antreten können so erbt der Ehegatte gemeinsam mit den Großeltern (**3. Parentel**) des Erblassers. Der Ehegatte erhält darüber hinaus auch das sogenannte „Vorausvermächtnis", also die zum ehelichen Haushalt gehörenden beweglichen Sachen (Küchengeräte, Geschirr, Einrichtung etc.). Stand die Ehewohnung darüber hinaus im Eigentum des Erblassers, so berechtigt ihn das Vorausvermächtnis dazu, weiterhin in der Wohnung zu wohnen.

Der Name „**Vorausvermächtnis**" erklärt sich daher, dass der überlebende Ehegatte sich das Recht, die Wohnung weiterhin zu nutzen, nicht aus seinem Erbe ableitet, sondern direkt aus dem Titel des Vermächtnisses. Ebenso hat der überlebende Ehegatte unter Umständen Anspruch auf Unterhalt gegen die Erben des Erblassers. Dies jedoch nur unter der Voraussetzung, dass er auch zu Lebzeiten des Erblassers unterhaltsberechtigt war (und dies beispielsweise nicht durch ein entsprechendes Verhalten verwirkt hat). Jedoch reduziert ein jeder Anspruch auf Hinterbliebenenpension oder auf eine andere Leistung, welche der hinterbliebene Ehegatte aufgrund des Ablebens des Erblassers erhält, diesen Anspruch gegen die Erben (z.B. auch private Pensionsvorsorgen auf Basis einer Ablebensversicherung oder der Pflichtteil des Ehegatten).

Testament:

Neben dem erbrechtlichen Teil des ABGB stellt die letztwillige Verfügung, das Testament, den üblichen Weg der Regelung der Verlassenschaft dar. Auf diesem Wege hat der **Testator** (Testamentsersteller) die Möglichkeit, seine Angelegenheiten nach eigenem Willen zu regeln. Das Pflichtteilsrecht schränkt diese Verfügungsgewalt zwar ein (die Pflichtteilsberechtigten erhalten den halben gesetzlichen Erbanspruch in Geld), dennoch gibt das Testament dem einzelnen die Möglichkeit seine vermögens- und eigentumsrechtlichen Angelegenheiten **selbstbestimmt zu regeln**.

Formell unterscheidet man dabei:

Das eigenhändige, handschriftliche Testament: Hier schreibt der Testamentsersteller, dessen Name zweifelsfrei als Ersteller erkennbar sein muss, handschriftlich die Erbseinsetzung (ich setze XY zum Erben ein), kann diverse **Vermächtnisse** verteilen, Nach- und Ersatzerben bestellen etc. und unterfertigt das Testament nachdem er es mit dem Datum der Erstellung versehen hat. Zeugen oder andere Personen müssen hier weder anwesend sein, noch müssen sie das Testament mitunterzeichnen.

Beim **fremdhändigen Testament**, welches entweder von einer anderen Person oder auch auf Maschine oder Computer geschrieben wird, muss das Testament neben dem Testator auch noch von **drei Zeugen**, von denen mindestens zwei gleichzeitig anwesend sein müssen, unterschrieben werden, wobei die Zeugen nicht die Rechtmäßigkeit, sondern nur **das korrekte Zustandekommen** des Testaments dokumentieren und der Testator ausdrücklich seinen Willen noch einmal bekräftigen muss, dass dieser Text seinen letzten Willen darstellt. (Nuncupatio)

Die Besonderheiten des öffentlichen (also gerichtliches oder notarielles) Testamentes beziehungsweise des gemeinsam erstellten

Ehegattentestamentes, sowie des Erbvertrags, haben grundsätzlich mit der Erbschaftsmediation nur wenig zu tun und werden daher hier ausgespart.

Neben all diesen Möglichkeiten der Übergabe zum Anlass des Todesfalles gibt es freilich auch weiterhin die Möglichkeit, Eigentum (Liegenschaften wie auch Fahrnisse) zu **Lebzeiten zu übertragen.** Hier sind möglicherweise die Fristen und sonstigen Regelungen der **Pflichtteilsanrechnung** zu beachten. Auf diesem Wege kann auch zwischen dem Geschenkgeber und dem Geschenknehmer vereinbart werden, dass beispielsweise ein Wohnrecht, ein Fruchtgenussrecht, ein Belastungs- und Veräußerungsverbot ins Grundbuch zur Sicherstellung des Geschenkgebers eingetragen wird, der möglicherweise auch weiterhin in dem Haus wohnen möchte.

Mediation? Warum?

Warum: weil man **so im Vorfeld der Testamentserstellung** bereits auf die Wünsche des Erblassers ebenso wie auch auf die Hoffnungen und Bedürfnisse der Erben eingehen kann. SO werden Konflikte, die sich sonst aufgrund von Missverständnissen ergeben könnten bestmöglich verhindert.

Insbesondere wenn im Rahmen des zukünftigen Nachlasses voraussichtlich unterschiedliche Vermögenswerte (Liegenschaft, Wohnung, Konto, diverse Gegenstände von materiellem und emotionalem Wert….) vorhanden sind, so kann es für die Erben auch unterschiedliche Interessen geben, welche der Erblasser möglicherweise bedenken will. So besteht möglicherweise beim einen Kind eine größere Nahebeziehung zur Wohnung, während ein anderes Kind seit Jahren im Ausland lebt und mit einer finanziellen Unterstützung bestmöglich abgesichert wäre.

Natürlich kann Mediation aber auch **im Rahmen des Verfahrens in Verlassenschaftssachen** unterstützend eingreifen, ebenso wie auch und insbesondere bei **Miteigentumsgemeinschaften**, die sehr oft die Folge von gesetzlicher Erbfolge sind[35].

Unbeeinflusste Willensbildung des Testators

Fraglos muss es aufgrund der **Testierfreiheit** dem Erblasser und Testamentsersteller absolut unbenommen bleiben, seinen letzten **Willen unbeeinflusst** von diversen Einflüsterern zu gestalten. Vielmehr soll der vorliegende Text eine Anregung darstellen, dem Testator zu ermöglichen bei Bedarf auch die Gedanken und Bedürfnisse der zu bedenkenden Erben in die weitere Planung mit einzubeziehen.

Andere Wege zum gleichen Ziel

Unter Umständen gilt es dabei auch zu bedenken, dass nicht immer zwingend ein Testament das Mittel der Wahl sein muss, vielmehr kann auch eine **Schenkung bzw. Übergabe zu Lebzeiten, eine Schenkung auf den Todesfall** oder ähnliches dem gewünschten Ergebnis besser entsprechen. Bei einer Schenkung unter Lebenden bzw. einer Übergabe wird wohl wiederum zu bedenken sein, dass sich der Geschenkgeber durch beispielsweise ein **Fruchtgenussrecht**[36] dahingehend absichern will, dass ihm auch weiterhin die unbeschränkte Nutzung der Liegenschaft unbenommen bleibt. All dies will und soll im Rahmen einer mediierten oder moderier-

---

[35] Erben beispielsweise die 3 Kinder des Verstorbenen zu gleichen Teilen aufgrund des gesetzlichen Erbrechts, so gehört ihnen dann nach der Einantwortung auch das elterliche Haus zu gleichen Teilen. Dass sich hier bei unterschiedlichen Lebenskonzepten möglicherweise Differenzen auftun können, liegt auf der Hand.

[36] Bei Wohn- oder Fruchtgenussrecht, welches im Rahmen einer Übergabe zu Lebzeiten einbehalten wird, eröffnen sich aufgrund der Erbrechtsreform 2017 im Zusammenhang mit der "Vermögensopfertheorie" neue juristische Spielfelder.

ten Besprechung angesprochen werden, um die **Bedürfnisse aller Beteiligten in den Entscheidungsprozess einzubinden**.

Der Wille des Testators geschehe

Freilich, am Beginn, wie auch am Ende steht der Wille und die Entscheidung des Testators, des zukünftigen Erblassers, des Eigentümers, mit seinem Hab und Gut schalten und walten zu können wie es ihm persönlich gut dünkt. Mediation soll hier keinesfalls als Einschränkung der **Testierfreiheit** verstanden werden, sondern eher als Möglichkeit das Ziel der Vermögensweitergabe punktgenau zu erreichen.

Gedanken zur Erbschaftsmediation[37]

Einleitung

Erbschaft kann zum Familienstreit führen. Ein Überblick, wie mit Vermögen und seiner Weitergabe verantwortungsvoll umgegangen wird und welche Rolle die Erbschaftsmediation spielen kann.

Letzter (?) Wille

„Mein letzter Wille…" Letzter? Nun, darüber kann angesichts der Tatsache, dass ein Testament als **einseitige Willenserklärung jederzeit**, zumindest solange die Testierfähigkeit gegeben ist, wieder **geändert** werden kann, diskutiert werden, aber es heißt nun einmal so. Im Rahmen dieser Verfügung soll also bestimmt werden, wer die Summe an Rechten und auch so manchen Pflichten des Erblassers bzw. der Erblasserin nach seinem/ihrem Ableben als Universalrechtsnachfolger weiterführt. Klingt komplizierter als es in Wirklichkeit ist, denn der handgeschriebene Satz „Ich, ….. (Name) setze Frau/Herrn XY als Erben ein", versehen mit der Bezeichnung als Testament, Datum und Unterschrift, reichen bereits aus, um die persönlichen **Vermögensangelegenheiten nicht dem Gesetzgeber zu überlassen, sondern selber zu regeln**. Schließlich will man zu Lebzeiten die eigenen Angelegenheiten auch nicht vom Staat geregelt haben.

Grundlagen des Erbrechts

Grundsätzlich ist das Erbrecht also recht einfach. Man vererbt den Nachlass entweder zur Gänze oder zu gewissen Teilen (also nicht einzelne Gegenstände, sondern vielmehr 100 %, 33 % oder welchen Prozentsatz auch immer) den im Testament angeführten

---

[37] Dieser Text ist auch als Beitrag zur OnlinePlattform www.meinefamilie.at erschienen.

Personen. Will man darüber hinaus auch noch einzelne Gegenstände oder Geldsummen diversen Personen zukommen lassen, so kann man dies im Rahmen eines Legates bzw. Vermächtnisses erledigen.

Sollten die sogenannten „pflichtteilsberechtigten" Personen, also derzeit noch die Nachkommen bzw. Ehegatte bzw. eingetragene Partner und Eltern (diese fallen jedoch mit 1.1.2017 aus dem Kreis der pflichtteilsberechtigten Personen), nicht zumindest mit der Hälfte des gesetzlichen Erbteils bedacht werden, so steht ihnen noch die Ergänzung auf den Pflichtteil in Geld zu.

Eigentum verwalten

Soweit zum eher trockenen rechtlichen Input Welcher Gedanke jedoch steht hinter der Möglichkeit, dem **Tod zumindest in eigentumsrechtlicher Hinsicht ein Schnippchen zu schlagen**? Schließlich sprechen wir aktuell von der „Erbengeneration", die wie noch keine Generation zuvor auf dem Wege des Erbfalles an teilweise beträchtliches Vermögen kommt. Die Frage, was eigentlich Eigentum ist, steht hier im Raum. Einerseits wird in den heiligen Schriften vom Kamel gesprochen, welches schwer beladen nicht das Tor passieren kann, andererseits wiederum wird der schlaue Verwalter gepriesen, der sich mithilfe des Geldes Freunde macht.

Was ist Erbschaftsmediation?

Klar scheint, Vermögen bedeutet Verantwortung.

Dies wird beispielsweise dadurch deutlich, dass sich aufgrund von unklaren testamentarischen Verfügungen die Erben, welche zuvor noch als glückliche Familie vereint waren, plötzlich im Gerichtssaal überwerfen. Eine verantwortungsvolle Regelung des Vermögensüberganges kann hier **viel Streit und Zank** verhindern, indem der Testamentsersteller rechtzeitig die Bedürfnisse derjenigen, die er zu bedenken gedenkt, ins Kalkül zieht. Genau hier greift das Instrument der **Erbschaftsmediation** ein. Im Rahmen eines durch einen des Erbrechts kundigen Mediator mediierten Gespräches können die Hoffnungen, Wünsche und Bedürfnisse des Erblassers ebenso wie auch der potentiellen Erben und Legatare in den letzten Willen eingearbeitet werden. Auch können Missverständnisse und Kränkungen angesprochen und ausgeräumt werden, welche ansonsten weit über den Todesfall hinaus im Raum stehen bleiben und so im Gesamtsystem zu Unruhestiftern werden können.

Vielfältige Anwendung der Erbschaftsmediation

Die Zahl der potentiellen **Anwendungsfälle** ist dabei vielfältig: Einmal kann im Vorfeld der Testamentserstellung über die zukünftige Aufteilung, die dahinterstehenden Erwartungen des Erblassers und die Bedürfnisse der Erben gesprochen werden, dann (so zeigt auch die Praxis) wird ein scheinbar **„letzter" Wille doch wieder verworfen** und gemeinsam mit den Erben überarbeitet. Ist der Erbfall bereits eingetreten, so besteht die Möglichkeit im Rahmen der **Verlassenschaftsabhandlung einen Mediator einzuschalten**, um einen Konsens unter den Erben zu finden. Besteht eine Erbschaft, welche beispielsweise unter 3 Personen (Ehegattin und 2 Kinder) aufzuteilen ist, primär aus einer einzigen Liegenschaft, so wäre der worst **case einer strittigen Lösung eine Teilungsklage**, um die Erbteile auszuzahlen. Im Rahmen einer Mediation kann freilich auch eine andere, **maßgeschneiderte** Lösung im Sinne aller Beteiligten gefunden werden.

Wichtig bleibt, dass der Mediator/die Mediatorin die Grundzüge des Erbrechts beherrscht, um eine Lösung zu finden, welche auch den Vorschriften des österreichischen Erbrechts entspricht. Nichts wäre kontraproduktiver als eine gutgemeinte Lösung, welche dann an Formmängeln anfechtbar wird.

Vermögen ist Verantwortung

Sterben und Erben. Während ersteres bisher noch niemandem erspart blieb, so bedeutet ein Vermögensstamm, welcher an die kommende Generation weitergegeben werden soll, eine nicht unbeträchtliche Verantwortung.

Oftmals ist der Erblasser der Ansicht, ohnehin in Kenntnis der Bedürfnisse der Erben zu handeln, ohne jedoch jemals mit ihnen darüber gesprochen zu haben.

Um hier grobe Missverständnisse zu verhindern und den Familienfrieden nicht zu gefährden, bietet die Erbschaftsmediation eine Plattform für Gespräche zwischen allen Beteiligten. Im Sinne einer generationsübergreifenden Verantwortung.

ZUM ARBEITSPLATZ

Mediation am Arbeitsplatz

Warum soll denn ein Mediator überhaupt an einen Arbeitsplatz, in einen Betrieb gerufen werden? Nun, sobald das "M"-Wort (nein, nicht -ediation, sondern -obbing) gefallen ist, spätestens dann macht diese Überlegung Sinn. Schon alleine aus **schadenersatzrechtlichen**[38] und somit rein finanziellen Überlegungen.

Schlichtweg aufgrund der sogenannten **Arbeitgeberschutzpflicht**[39] (oder auch Fürsorgepflicht des Arbeitgebers) ergibt sich nämlich die Verantwortung des Arbeitgebers, sich um die **physische und psychische Gesundheit** seiner Mitarbeiter zu kümmern und zu verhindern, dass diese Schaden nehmen. Gleich wie die Tische und Stühle entsprechend ergonomisch angepasst und die Bildschirme auch die passende Neigung haben sollen, so liegt es auch in der Verantwortung des Arbeitgebers, den psychischen Stress der Arbeitnehmer unter eine gesundheitsgefährdende Latte zu reduzieren.

Jedenfalls also muss reagiert werden, sollten die Arbeitnehmer durch Stress oder andere Faktoren gesundheitlichen Schaden nehmen, was beispielsweise bei **Schlafstörungen, Bluthochdruck** oder ähnlichem der Fall wäre.

Doch nicht erst in diesem Fall kann ein Mediator als externer Fachmann helfen mikroskopisch feinen Sand aus dem Getriebe zu putzen, Reibungsverluste zu minimieren und schlichtweg das Beste aus den Mitarbeitern heraus zu holen. Im Gegenteil, die rechtzeitige Beiziehung einer externen Expertise kann dazu beitragen,

---

[38] 9ObA131/11x (https://www.ris.bka.gv.at/Dokument.wxe?Abfrage=Justiz&Dokumentnummer=JJT_20121126_OGH0002_009OBA00131_11X0000_000)

[39] Siehe dazu auch https://www.hrweb.at/2013/12/burnout-und-mobbing/ oder 9 ObA 230/02t

die Kreativität der Mitarbeiter anzuspornen und ihnen **Wertschätzung seitens des Betriebes** zu signalisieren. So kann ein durch einen Mediator moderierter Betriebsheuriger zu einer Quelle der Kreativität werden, wenn die Mitarbeiter ihre Erfahrungen und Ideen einmal gebündelt und strukturiert der Betriebsleitung zu Ohren bringen. Je ungezwungener das Umfeld dabei ist, so offener in der Regel auch die Köpfe, umso freier können die Gedanken fließen. Schlussendlich obliegt es freilich der Betriebsleitung, ob die Ideen umgesetzt werden oder nicht, doch auf sie zu verzichten würde bedeuten eine **wertvolle Ressource** a priori nicht an den Betrieb heran zu lassen.

Nun, wie erwähnt, die letzte Verantwortung liegt freilich nach wie vor beim **Unternehmer**, beim Arbeitgeber. Er hat die Betriebsergebnisse zu vertreten, steht für das Unternehmen nach außen.

Dies gilt jedoch **nicht für die Zeit der Mediation**. Wird ein Mediator in einen Betrieb gerufen, führt er erst Vier- dann später Sechsaugengespräche oder gar eine Großgruppenmediation durch, so reiht sich der Chef in die Reihe jener ein, die gemeinsam an einem Strang ziehen. Im Setting der Mediation ist der Chef, was so manchem Arbeitgeber nicht unbedingt gefällt, nur Auftraggeber des Mediators, nicht aber Mediand und daher nicht Teil der Mediation.

Hier ist der Mediator auch den Medianden gegenüber zur **Verschwiegenheit** verpflichtet und darf ohne deren ausdrückliche Zustimmung auch keinerlei Informationen, welche er aus den Gesprächen mit den Medianden erhalten hat, dem Vorgesetzten mitteilen. Sollten jedoch die Mitarbeiter Wünsche an den Chef haben wie beispielsweise eine Veränderung der Arbeitsabläufe, eine geringfügige Änderung der Zuteilung der Aufgaben oder eine andere Anordnung der Schreibtische, so kann und wird der Mediator freilich diesem Wunsch Rechnung tragen und ihn im Rahmen eines Lösungsvorschlages dem Arbeitgeber zur Kenntnis bringen.

Was sind nun aus Sicht des Praktikers die häufigsten Konfliktherde in einem Betrieb?

Mobbingbetroffene

Nun, zu allererst eine sprachliche Regelung:

Nachdem ich zu 9 von 10 Fällen dann in einen Betrieb gerufen werde, sobald sich die Gefahr einer Beschwerde aufgrund von Mobbing beim Arbeitgeber manifestiert hat, werde ich in der Regel mit Begriffen wie "**Mobbing-Opfer"** bzw. **Mobber bzw. Täter** konfrontiert. Nachdem ich mich schon alleine aus Gründen, die ich im Text zum Machtungleichgewicht ausgeführt habe, nicht in die Situation bringen möchte durch die entsprechende Wortwahl eine Wertung vorzunehmen, spreche ich im beruflichen Kontext lieber von "**Mobbingbetroffenen**". Schließlich - so meine eigene Erfahrung - agieren auch jene, die sonst als "Mobber" bezeichnet werden zumeist nicht aus Jux und Tollerei, sondern aus einem Gefühl der Hilflosigkeit und Furcht um den eigenen Job heraus.

Somit wären wir auch schon beim Hauptgrund für Mobbing am Arbeitsplatz. Die **Furcht**, selbigen zu verlieren. Sei es aufgrund von Überforderung, Unterforderung oder auch auf Basis der permanent schlechten Nachrichten über die Situation am Jobmarkt. Liest man von **Restrukturierungen** in der eigenen Branche, von **Übernahmen und Strukturoptimierungsmaßnahmen** bis hin zu **Offboardingmanagern**, so wird oftmals in weiterer Folge die eigene Arbeitsleistung dahingehend kritisch hinterfragt, ob man selber auch einer solchen Optimierungsmaßnahme zum Opfer fallen könnte. Ein jeder offener Punkt auf der ToDo-Liste, ein nahendes alljährliches Mitarbeitergespräch oder schlicht die eigene Unzufriedenheit mit der Lebenssituation können in diesem Licht schon ein einziges dahingesagtes Wort zu einer Kriegserklärung hochstilisieren.

So kann aus einem **Irrtum** ein massiver Konflikt entstehen, welcher, wird er noch rechtzeitig bearbeitet, problemlos in Wohlgefallen aufgelöst werden kann.

Rechtzeitig

Die Frage nach dem **richtigen Zeitpunkt** drängt sich auf. Solange noch keine Handlungen gesetzt wurden und die Furcht vor einem möglichen Verlust des Arbeitsplatzes alleine im Kopf eines Arbeitnehmers sitzt ohne noch zu Diskussionen oder gar Handlungen geführt zu haben, wird wohl kein externer Fachmann gerufen. Dies geschieht zumeist dann, wenn **erste Missverständnisse** zu Unstimmigkeiten in der Belegschaft geführt haben, der **Gruppendruck** der Kollegenschaft aber noch eine konsensuale Lösung begünstigt. Bleibt also der Konflikt der Betroffenen zwischen den beiden, so stehen die Chancen gut, ihn auch in kurzer Zeit zu lösen. Schwieriger wird es, sollten bereits auch Koalitionen mit Kollegen geschlossen worden sein. Hier könnte schließlich ein Zurückstecken vom eigenen Standpunkt als **Gesichtsverlust** gedeutet werden und könnte so ein Druck entstehen im Zweifel doch eine **weiter eskalierende Maßnahme** zu setzen, um den Konflikt zu eigenen Gunsten zu entscheiden. Besonders problematisch wird es dann, wenn der Konflikt auch auf eine andere **strukturelle Ebene** gehoben wird. Sollte also bereits auch der Betriebsrat oder die nächsthöhere Ebene des Betriebes eingeschalten worden sein, so kann das Gefühl, den Konflikt gewinnen zu müssen oder zumindest nicht der einzige Verlierer sein zu wollen, dahin führen, dass man lieber den scheinbaren **Kontrahenten mit in den Abgrund reißt** als sich mit ihm auf einen vernünftigen Lösungsvorschlag zu einigen.

Die Chancen einer gütlichen und nachhaltigen Einigung stehen also umso besser, je früher aufklärende und intervenierende Maßnahmen eingreifen können.

Ablauf einer Arbeitsplatzmediation

Ohne hier ein allgemeingültiges Procedere zu beschreiben, möchte ich als Mediator im folgenden Absatz meine rein persönliche Vorgehensweise beschreiben, welche sich über die Jahre durchaus bewährt hat:

Erster Schritt ist in der Regel die **Kontaktaufnahme** durch den Arbeitgeber, welcher im Rahmen der **Arbeitgeberschutzpflicht** dafür sorgen möchte, dass ein Konflikt zwischen zwei oder mehreren Mitarbeitern beigelegt wird. Dieser Kontaktaufnahme folgt ein persönlicher Termin mit dem Arbeitgeber, um die **Rahmenbedingungen, das Honorar und die grundsätzlichen Abläufe** der Mediation zu klären. Auch hat der Arbeitgeber natürlich berechtigtes Interesse an der **Arbeitsweise und der Persönlichkeit des Mediators**, welchen er auf seine Mitarbeiter "loszulassen" gedenkt.

Darüber hinaus müssen die bereits erwähnten Erwartungshaltungen des Arbeit- und Auftraggebers hinsichtlich einer Information über die in der Mediation besprochenen Inhalte doch das eine oder andere Mal enttäuscht werden.

Sind diese Fragen einmal zur beiderseitigen Zufriedenheit geklärt, so findet die erste **Gesprächsrunde in der Regel abseits des Betriebes in Einzelgesprächen** statt. Zu heikel ist oftmals das Thema, zu existenziell die Ängste, als dass ein offenes Ansprechen der Verletzungen und Ängste sofort in einem klassischen Mediationssetting möglich wäre.

Sobald nun der Mediator das Gefühl hat, die MediandInnen wären reif für ein **3er Setting** wird dieses vereinbart und kann in weiterer Folge dann über die Geschehnisse aus Sicht des Gegenübers gesprochen werden. Um und auf ist dabei, dem jeweils Zuhörenden den Standpunkt des Erzählenden inklusive dessen Leidensdrucks zu vermitteln. So kann ein gewisses Maß an **Verständnis**

für die Sichtweise des Gegenübers erreicht und der eigene Beitrag zum Leidensdruck überdacht werden.

Wie viele Gespräche es nun braucht, um eine konsensuale Lösung zu erreichen, steht in den Sternen, wenngleich auch hier die Erfahrung zeigt:

Können nach 5-7 Sitzungen keine eindeutigen Fortschritte und Lösungsansätze erreicht werden, so sollte überlegt werden, ob die Mediation überhaupt **Mittel der Wahl** ist.

Kollateralvorteile der Mediation

Schon alleine die Tatsache, dass sich die betroffenen Personen auf ein Mediationssetting eingelassen haben und hier ehrlich und offen über die eigenen Befindlichkeiten gesprochen haben, kann viel bewegen. Auch abseits der Mediation. Es wird also jedenfalls **Bewegung in das eingefahrene System gebracht**, selbst wenn die Mediation selber sich nicht als das Mittel der Wahl herausstellen sollte. Alleine das im Rahmen der Gespräche erzeugte **wechselseitige Verständnis** hilft.

Und ja, wie ist der Titel des Buches, do it yourself. Mediation ist hier ein Katalysator, ein **Anstoß für eine weitergehende Entwicklung**. Das Ziel ist es schließlich den Mediandеn, aber auch den Auftraggebern, zu helfen, sie ein paar Schritte durch den Nebel begleiten zu dürfen.

Mitarbeitergespräche NACH ausgesprochener Kündigung

Danke, das war´s!

Nein, so sollte kein **Ende eines Dienstverhältnisses** aussehen, wenn ein Unternehmen auf den eigenen Ruf hinsichtlich CSR bedacht ist. Die Verantwortung endet nicht mit dem Kündigungsgespräch, sondern erst mit dem Tag des Ausscheidens des Arbeitnehmers aus dem Unternehmen, somit also nach Ablauf der Kündigungsfrist. Warum aber sollte nur der Schaden minimiert werden? Auch in einer Phase der Klarheit ist es noch für beide Seiten möglich zu profitieren. Der Arbeitnehmer kann auch im Abschluss seines Dienstverhältnisses **Wertschätzung** erfahren, kann durch nun ehrliches Feedback für die Zukunft lernen und so jene allfälligen Fehler, die möglicherweise zur Auflösung des Dienstverhältnisses geführt haben, in Zukunft vermeiden. Freilich, ein heikles Thema, jedenfalls muss hier mit **Fingerspitzengefühl** gehandelt werden.

Doch auch für das Unternehmen kann eine menschlich respektvoll durchgeführte Kündigung des Dienstverhältnisses einen Vorteil bedeuten. Während im Rahmen des aufrechten Arbeitsvertrages wohl so mancher Kritikpunkt am Arbeitsplatz, an der Aufgabenstellung und der Atmosphäre stillschweigend hingenommen wird, so besteht im Zeitraum zwischen Ausspruch der Kündigung und tatsächlichem Ausscheiden aus dem Unternehmen keinerlei Anlass mehr, mit der Meinung über allfällige Fehler zurückhaltend zu sein. In jenem begrenzten Zeitraum bestünde die Möglichkeit für ein offenes Gespräch, welches beiden Seiten die Chance zum Erfahrungsaustausch gibt.

Doch, wie schon erwähnt, bedarf es für einen solchen Meinungsaustausch ein nicht geringes Maß **an Einfühlungsvermögen** seitens des Arbeitgebers. Insbesondere, sollte die Kündigung von ihm ausgegangen sein. Welchen Grund sollte der Arbeitnehmer denn überhaupt noch haben sich mit seinem Chef oder einem seiner Repräsentanten zusammen zu setzen? Vordergründig scheint die Brücke abgebrochen, die Kommunikation auf Eis gelegt.

Doch, sollte sich der Arbeitnehmer einem ehrlichen und zweckdienlichen Gespräch nicht verschließen, so könnte auch er, wie schon erwähnt, profitieren. Einerseits könnte ein (nach gewissen Gesprächsregeln verlaufender) Meinungsaustausch auch der **Psychohygiene** des gekündigten Arbeitnehmers dienlich sein, andererseits würde sich ein vernünftiger und SCF-versierter Arbeitgeber auch durch einen entsprechenden Hinweis im Dienstzeugnis (im Sinne von: der Dienstnehmer war stets im besten Sinne um die **Optimierung der Abläufe im Unternehmen** bemüht und brachte im Rahmen von Feedbackgesprächen sinnvolle und hilfreiche Vorschläge ein) bedanken. Je nach Vernetzung innerhalb der Branche könnte der Dienstgeber auch **ein gutes Wort für den Arbeitnehmer bei Firmen im Umfeld** einlegen, um die Zeit der Arbeitslosigkeit auf ein Mindestmaß zu beschränken oder überhaupt einen nahtlosen Übergang zum nächsten Arbeitsplatz zu ermöglichen. Und.. freilich bietet ein ehrliches Feedback nicht nur dem Arbeitgeber die Chance für Verbesserung. Auch der Arbeitnehmer kann seine eigene Wahrnehmung mit der des Arbeitgebers abgleichen. Wie ist er angekommen? Wie wurde er gesehen? Wie wurde seine **Arbeit wertgeschätzt**? Die Kündigung ist nicht unbedingt ein Zeichen für Unzufriedenheit, vielmehr kommt es gerade in der heutigen Zeit zu einsparungsbedingten Kündigungen.

Wie also sollte dieses Gespräch ablaufen?

In aller Offenheit sollten erst die **Kränkungen** durch die Beendigung des Dienstverhältnisses angesprochen werden, um den tatsächlichen Grund in einer für den Arbeitnehmer akzeptablen Art und Weise klarzustellen. Auch das **beiderseitige Interesse an Offenheit** aus den oben angeführten Gründen sollte zu Beginn betont werden. Darüber hinaus sollte auch geklärt werden, dass keineswegs das Anschwärzen von unliebsamen KollegInnen Ziel und Zweck eines solchen Abschlussgespräches sein darf.

Hingegen sind jedenfalls allfällige **Verbesserungsvorschläge, Vorschläge, welche den ehemaligen Kollegen im Betrieb helfen könnten, Ziel der Besprechung**. Natürlich bedarf es nicht unbeträchtlichen **Feingefühls**, um den richtigen Ton im Umgang mit einem sicherlich gekränkten und besorgten Mitarbeiter zu finden. Hier eben hilft auch die manchmal **kalmierende Wirkung von externen Fachkräften**, um die Meinung und die Anregungen der betroffenen Mitarbeiter bestmöglich in ein für das Unternehmen verwertbares Maß zu übersetzen.

Wichtig bleibt die Betonung der möglichen **Win-Win-Situation** selbst in der sicherlich niederschmetternden Zeit unmittelbar nach einer Kündigung. Dem Mitarbeiter kann in einem gewissen Ausmaß die Unterstützung des Unternehmens bei der Arbeitssuche zugesagt werden, wenn er im Gegenzug seine Erfahrungen und seine Meinung hinsichtlich einer möglichen **Optimierung des Betriebes** preisgibt.

EINS NOCH.................................

es heißt nicht MINUS

Es ist kein MINUS

Wenn ich meine Homepage den Leuten mitteile, so fragen die Leute oft nach. Insbesondere bezüglich des Zeichens zwischen den Worten „Mediation" und „Wanderer". Nachdem sich in der Werbung die unglückliche Bezeichnung des Bindestriches als „MINUS" eingebürgert hat, so reagiere ich darauf schon fast allergisch, wenn ich höre: „mediationMINUSwandererPUNKTat"

Soweit kommt´s noch! Ich will **verbinden**, bin doch kein Minus, kein weniger, sondern ein Mehr für meine Klienten, so hoffe ich, so darf ich manchmal auch das Feedback entgegen nehmen.

Kann schon sein, dass andere diese aus der Mathematik entlehnte Bezeichnung des kleinen Striches nicht stört, ich will nicht rechnen (schon gar nicht subtrahieren), ich will verbinden. Mir egal, wie es die Werbung bezeichnet.

www.mediation-wanderer.at heißt immer noch wewewePUNKTmediationBINDESTRICHwandererPUNKTat